マーケティング科学の方法論

嶋口充輝【監修】
川又啓子・余田拓郎・黒岩健一郎【編著】

東京 白桃書房 神田

マーケティング科学の方法論出版に寄せて
―その回顧と未来期待―

　本書は、慶應義塾大学大学院経営管理研究科（略称 KBS：慶應ビジネススクール）の博士課程で学んだマーケティング研究者によるマーケティング科学方法論の研究書である。

　わが国においてビジネススクールのパイオニア校となった KBS で、経営学修士（MBA）課程に続き、博士（Ph.D）課程が発足したのは1990年代である。この博士課程の新設を推進した当時の研究科委員長、片岡一郎先生（現慶應義塾大学名誉教授）は、来るべきビジネススクール全盛時代に向けて学部授業とは異なるこのプロフェッショナル・スクールで教鞭をとりうる優秀な教育・研究者を養成する必要性を強く訴えたのである。

　MBA 課程では、ハーバード方式のケース・メソッドを通じ、いかに優れた戦略立案や経営意思決定を行うか、という専門的問題解決能力を涵養することに重きがおかれたが、博士課程ではこの問題解決能力の高度化もさることながら、むしろ、経営のメカニズムを理論的に探る研究能力が期待されたのである。その点で、KBS の博士課程は、MBA の延長である DBA（Doctor of Business Administration）ではなく、経営の科学的、理論的解明を目指す Ph.D（Doctor of Philosophy）プログラムとして位置づけられたのである。

　KBS の博士課程のなかで、特にマーケティングを専攻する学生達は基本的に3分野の基礎理論研究を必修テーマとしてカバーすることが求められる。マーケティング理論、流通論、消費者行動論がそれである。なかでも、マーケティング理論は、マーケティング研究者を目指す学生達の入り口の研究分野である。博士課程に入学を許される学生達は、すでに基本的なマーケティング分野の内容にかかわる理論や知識は修士課程までにある程度修得済みであるため、そこでの中心的テーマは、研究者として、いかにマーケティング現象を理解し、その本質をエレガントに説明するマーケティング理論を

構築しうるか、というマーケティング科学方法論の研究である。すでに大学教授として各方面で活躍している今回の執筆者はいずれもKBS博士課程で、このマーケティング理論のクラスに参加した研究者達である。

当クラスの参加者は、実務経験の有無、(古い分類でいえば) 理系・文系の違い、方法論知識の多寡など、かなり多様であったため、クラスの運営方法は、基本論文を輪読しながら、参加者がその解釈を推敲・反論し、批判的に議論しあうという方法をとった。スタート当時は、「マーケティングは科学か」といった科学の定義や基準に関わる科学哲学的論議はほぼ終焉しており、その延長上にある、ひとつの到達点たるPopper流の批判的合理主義(反証主義)が多くのマーケティング研究者を魅了していた時期である。しかし、同時に、この方法論的厳密性や窮屈さの反動として、新たな相対主義や解釈主義が次第に大きな比重を占めつつある時代でもあったのである。そこで、我々の議論は、科学方法論の歴史を経時的にレビューしつつ、マーケティングのコンテクストからその科学論争をチェックするという形で進められた。このあたりの流れは本書のなかで、異なる強調点から各論者によって触れられている。

＊　　　　＊　　　　＊

ここで、我々の意図するマーケティング科学方法論の流れを回顧するにあたり、やや私的な個人的経験に関連づけて説明することをお許し願いたい。私が初めてこのテーマに関心をもったのは大学4年のときである。当時、経済学部にいた私が、経営分野へのより強い興味から商学部の村田昭治先生主宰のマーケティング・ゼミナールにイレギュラーな形で入れていただいたとき、ほとんどマーケティング知識をもたない私が何とか対応できたのが、経済学部で生半可にかじった方法論程度だったのである。同ゼミでは、当時、商学部助手の堀田一善先生(慶應義塾大学名誉教授)を中心に、「科学とはなにか」「マーケティングは科学たりうるか」から始まって、当時の第一級のマーケティング理論家たるW. Aldersonの原書をゼミ有志で輪読したのである。その影響もあってか、生意気にも当時、経済理論の方法論を転用した

「マーケティング・サイエンス方法論序説」などという大胆なレポートを書いたことを記憶している。

大学を卒業してから、フルブライト奨学金と村田先生の推薦を得て、当時米国マーケティング学会会長であった、William Lazer 教授のいるミシガン州立大学に留学することになる。Lazer 教授は当時、マーケティング研究のシステムズ・アプローチやインターディシプリナリー・アプローチを標榜し、またソーシャル・マーケティングを提唱した米国マーケティング学会指導者の１人であった。私自身は、結局、慶應義塾への奉職をはさんで、Lazer 教授の下で、修士（MBA）、博士（Ph.D）課程で合計３年余留学することになったが、特に博士課程では、副分野のコミュニケーション理論とロジスティック理論と共に、主分野のマーケティングで、同教授の必修科目「マーケティング理論史」において、膨大な文献を（好むと好まざるとに拘わらず）、強制的に読まされることになる。同じころ、博士課程にいたのが、P. F. Anderson で、当時の学生は皆同じ薫陶を受けたのである。彼は、その後、同大学博士課程出身の大先輩、S. D. Hunt の反証主義的マーケティング方法論を批判して相対主義的マーケティング方法論の優位性を示唆することになる。

米国留学を終え、教師生活に戻ってから数年後、やはり米国での修士（ミシガン州立大学）・博士（ペンシルバニア州立大学）課程を終えた長年の友人、和田充夫君（慶應義塾大学名誉教授、現関西学院大学教授）が KBS ファカルティに加わり、当時商学部の博士課程に在学していた池尾恭一君（現 KBS 教授）と共に、私的な研究会を行おうということになった。同じマーケティング分野ながら、それぞれ得意分野が違う３人で協議した結果、マーケティング方法論研究が共通テーマとして面白かろうということになり、ならば我々の大先輩である方法論分野の第一人者、堀田一善先生を呼び込んで一緒に勉強会をしようということになったのである。当時は、前述のように科学方法論はポッパリアン全盛時代であったから、唯一の「真理」とは何か、そのための反証主義のあり方が是か非か、など議論したものである。

     ＊   ＊   ＊

　再び、KBS の博士課程に戻るが、「マーケティング理論」の科目担当になった私は、和田充夫君と、その後、KBS の教員仲間に入った池尾恭一君を含め、我々3人の指導の下にくる博士課程の学生のために、このマーケティング科学方法論研究を行うようになったのである。当然ではあるが、科学論一般の基本知識は当科目の前提になるため、科目履修者はその時代までの科学哲学や科学方法論の代表的文献にあたり、その時代までの網羅的な知識獲得と現状把握がまず求められる。その上で、マーケティング科学方法論の議論に入るのである。既述のように、方法論の世界が、論理実証主義、反証主義、相対主義、解釈主義など多様性が出ているときでもあり、そのためには P. F. Anderson の論文、"Marketing, Scientific Progress, and Scientific Method"（Journal of Marketing 1983）が、ある意味で分岐点的な役割を果たしていると判断し、これを中心に輪読・討議することから始めた。私にとっても、同じ時期に同じ教育を受けた研究者の研究という点でも親和性の高い論文だったのである。輪読に当たっては、KBS の恩師、片岡一郎名誉教授流の、曖昧さを残さぬ徹底した議論をベースとする方式のため、脚注論文はすべて事前に調べておくこと、関連論文についても説明できるようにしておくことを含め、3時間以上の時間でわずか数行しか進まないというやり方であった。科目の最終レポートとして、各自がマーケティング科学方法論について論文を提出することが義務付けされている上、さらに博士課程の総合試験（すべての科目履修を終了した後、博士論文着手資格のために行われる8時間を超える筆記試験）で幅広い科学方法論の流れや各方法論的立場の比較検討の論述が要求されるため、かなり膨大な文献調査と知識獲得がなされたことと思われる。

　マーケティング科学方法論の世界は、理論的整合性や論理一貫性などの基本ルールは当然であるが、かつてのように、絶対的真理の存在やそのための唯一無二の厳格な方法という前提は次第に薄れ、より柔軟で多様性を許容する時代になっている。さらにいえば、マーケティングの理論化を志向するに

当たって、あまり厳格な科学方法論のみに固執することによって、マーケティング世界の理解や現象の解明にリアリティを失う危惧もある、と指摘されつつもある。そうなると、Feyerabend流の「何でもあり（anything goes）」や、Peter and Olson流の「科学はマーケティングか（Is Marketing Science？）」の世界を含め、論理的厳密性は当然として、ある意味では、誰もが、より自由に自分の方法論を語ることができる時代になっている。

　おそらく科学方法論の世界は終わりのない探求の世界に近い。とりわけマーケティングの科学方法論分野は、さらに多様な論者がそれぞれ異なる立場から多様な主張を標榜していくに違いない。しかし、そのためには、これまでにどのような議論がなされ、さまざまな批判をうけながらいかに議論が発展してきたかを知ることはきわめて重要である。少なくとも、マーケティングの理論探求を志す研究者にとっては、これらの多様な見解や流れを知ることは、研究の幅と深さにおいて、そうでない者と格段の違いを生み出すといえる。だとすれば、同じ問題意識で出発した研究者が、自分なりの方法論のあり方を論ずることは、それに同調するにせよ、あるいは反論するにせよ、大きなマーケティング科学や理論発見の進歩につながると考えられる。まさに本書の意図するところである。

　　　　　　　　　　＊　　　　　　＊　　　　　　＊

　もともと、このような論集出版企画のアイデアは、川又啓子君との会話の中から生まれたものである。KBS博士課程の「マーケティング理論」を履修した研究者が相当の数にのぼり、いまやいろいろな大学で教鞭をとっているが、考えてみれば共通の思想基盤のなかで、多様な方法論を語れる集団という意味では、ひとつの重要なわが国の方法論グループといっても良いかもしれない。しかも、普段は方法論が専門というより、皆、それぞれのマーケティング・サブ内容を専門として名をなしている研究者ばかりである。幸い、このような企画に対して、川又君の呼びかけに多くの研究者が応じてくれた。単なる科目担当教師として、しかし、それなりに真剣に、一緒にこの執筆者達と学んだ私としては本書の出版は嬉しい限りである。

なお、お断りしておきたいが、本書の執筆者は、KBSのマーケティング博士課程在学者あるいは「マーケティング理論」科目の受講者すべてではない。結果的には、私と和田充夫教授のゼミ出身者の一部が中心になったが、両ゼミや池尾ゼミ出身者のなかでも、たまたま博士課程の科目でこの科学方法論をやらなかった時期の研究者も数多くいるし、現在、方法論以外に強い関心をもっている研究者も多い。その点、今回の執筆者は、これまで何らかの形で、マーケティング科学方法論についてジャーナル等に論文を投稿した研究者に絞っている。しかし、ここでの基本的思想は、本執筆者以外のKBS博士課程履修経験者に共通したものであると信じている。

　また、本書論文の基礎となった執筆者は、彼らの研究背景からも想像されるように、導入的な「マーケティング方法論争の流れ」の部分はかなりの重複があった。これらを調整・再構成し、それぞれを読みやすく言葉を統一し、ひとつの流れとして体系化してくれたのは川又啓子君、余田拓郎君、黒岩健一郎君の努力による。

　最後になるが、このような、理論発展には貴重と信じているが、なかなか商業ベースに乗りにくい本書を出版してくださった白桃書房ならびに武蔵大学（出版助成）に心からの感謝と敬意を表したい。

　　2009年春

　　　　　　　　　　　　　　　　　　　　　　　　　　　嶋口　充輝

目　次

マーケティング科学の方法論出版に寄せて―その回顧と未来期待―　　i

Ⅰ　マーケティングの科学論争

第1章　方法論争の展開 …………………………………………3

第1節　はじめに　3
第2節　科学哲学論争史　5
　1．論理実証主義　5
　2．論理経験主義　7
　3．反証主義　8
　4．相対主義　13
　5．科学的実在論　16
　6．科学論の現状　20
第3節　マーケティングにおける論争　20
　1．1950年代　「マーケティングは科学か」論争　21
　2．1980年代　科学哲学論争　21
　3．1990年代　真理の実在論争　23
第4節　むすびにかえて　25

第2章　科学的実在主義と批判的相対主義の論争 ……31

第1節　はじめに　31
第2節　実証主義と相対主義の発展過程　33

第3節　科学的実在主義と批判的相対主義の争点　35
　　1．事実に対する見解　35
　　2．真理（truth）に対する見解　39
　第4節　マーケティング研究への示唆　41
　第5節　むすび　45

第3章　解釈主義アプローチ …………………………49

　第1節　はじめに　49
　第2節　解釈主義と実証主義　49
　　1．存在論的仮定　50
　　2．認識論的仮定　52
　第3節　解釈学的アプローチ　55
　　1．理解の言語性　55
　　2．先-了解　56
　　3．対話コミュニティ　58
　　4．解釈学的循環　59
　　5．発見-正当化プロセスの非分離性　60
　第4節　むすび　62

第4章　ポストモダン・アプローチ再考 ……………69

　第1節　はじめに　69
　第2節　マーケティングにおけるポストモダン・アプローチ　70
　　1．新たな方法論としてのポストモダン・アプローチ　71
　　2．相対主義者のアプローチとしてのポストモダン・アプローチ　72
　第3節　ポストモダニズムとポストモダン　74
　第4節　ポストモダニズムの終焉と科学哲学論争　76

第5節　ポストモダン・アプローチの必要性　80
第6節　むすび　84

II　マーケティング理論発見の方法論

第5章　理論生成とマーケティング研究の方法論……89

第1節　はじめに　89
第2節　マーケティング科学の哲学的基礎　90
第3節　理論生成に関する考察　95
 1．理論生成における発見のプロセス　95
 2．理論生成におけるマーケティングの方法　97
 3．個別ケース・スタディ　99
 4．意味解釈法　104
第4節　むすびにかえて　106

第6章　マーケティング研究におけるケース・スタディの方法論……111

第1節　はじめに　111
第2節　ケース・スタディの定義と類型　111
 1．ケース・スタディの定義　111
 2．ケース・スタディの類型　113
第3節　ケース・スタディの事前の準備　119
 1．白紙の状態からの理論産出　120
 2．事前の作業枠組み　121
 3．事前の問いと理論開発　121

4．本節の結論　122
　第4節　ケース・スタディからの一般化　126
　　1．ケースの典型性による一般化と論理による一般化　126
　　2．統計的一般化と分析的一般化　129
　　3．批判的検討　130
　　4．本章におけるケース・スタディの位置づけと「文脈への一般化」　136
　第5節　むすびにかえて　136

第7章　理論発見ツールとしてのレトリック　…………141

　第1節　はじめに　141
　第2節　レトリックの歴史　143
　第3節　レトリック認識　145
　第4節　科学とレトリック　148
　第5節　マーケティングとレトリック　151
　第6節　メタファーの創造手法　153
　第7節　むすび　156

Ⅲ　マーケティング実践知の発見

第8章　経営における論理的思考　…………163

　第1節　はじめに　163
　第2節　論理学における論理とは　164
　第3節　経営における論理的思考のアウトライン　166
　第4節　経営における論理的思考と論理学のいう論理との相違点　169
　　1．論証における形式と内容　169

2．論証の妥当性と認識上の妥当性　174
　　3．妥当でない論証と仮説構築　185
　第5節　むすび　190

第9章　解釈主義と実践知―方法論としての視察― …………197
　第1節　はじめに　197
　第2節　科学方法論としての解釈主義　198
　　1．解釈するということ　198
　　2．解釈の方法論的基礎　201
　第3節　実践知発見法としての視察　205
　　1．ベンチマーキングと視察：経営における規範的理論発見の方法　205
　　2．視察の意味と実践　206
　　3．視察の基本態度　208
　　4．実践知としての視察　209
　第4節　マーケティング視察の方法とステップ　211
　　1．卸流通視察の取り入れ事例から　211
　　2．視察方法のステップ　214
　第5節　むすび　216

おわりに　218

I

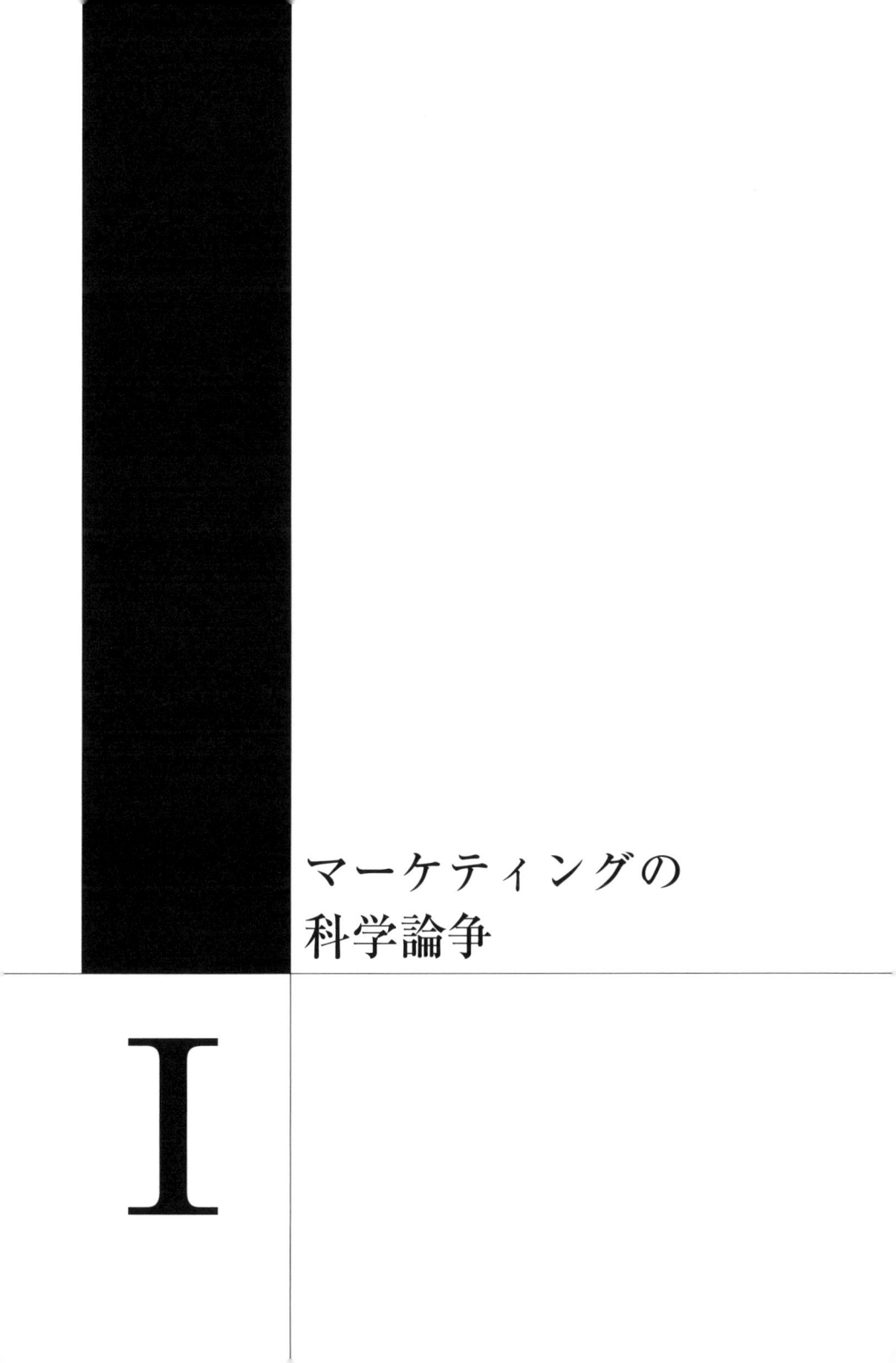

マーケティングの
科学論争

第1章 方法論争の展開

第1節 はじめに

　「マーケティングは科学なのか」という問いを出発点にして、1940年代に始まったマーケティング論争の歴史は、1960年代の拡張論争、1980年代の科学的方法論の対立を経て、1990年代には科学的実在主義を争点にした議論へと変化してきた。第1章では、マーケティング分野における方法論争を概観することを目的とするが、はじめに20世紀前半の科学哲学の代表的な論点を整理した上で、マーケティング分野における展開とマーケティング科学の方法論研究の課題について考察を加えることとする。

　「科学哲学」という名称がひとつの学問分野を指すものとして一般に認知されるようになったのは比較的新しく、19世紀末から20世紀にかけて科学の著しい発展を受けてのことであるといわれている。科学哲学の目的は、科学とは何か、どんな知的活動かを知ることであるが、19世紀までの科学論争の多くは「科学」というよりは価値観の対立であった。18世紀までは、現在の科学者に相当する知識人のことを、「自然哲学者（natural philosopher）」とか「知者（savant）」と呼ぶことが多かったが、philosophyという語は、ギリシャ語のphilos（愛）とsophia（知）との複合であって、「愛知」という意味である。かつては、物理学や生物学などの区別はもとより、自然科学と人文科学といった区別もなく、人間の知的活動すべてを「哲学」「科学」と呼びならわしていた。その後、19世紀になって、哲学と科学の乖離が明確になってくるのである[1]。

　近代科学の歴史はキリスト教的な世界観抜きには考えられない。自然は、

人間の目の前に繰り広げられるドラマであり、そのドラマは、なんらかの統一的原理によって、体系的に把握することができると信じられていた。これは、ギリシャ以来、西欧の思潮を貫いて流れる一本の強靭な帯であり、キリスト教における神の手による自然支配という概念と結びつくことによって、一層強固な柱となった。近代科学史上最大の貢献者とされる Newton も例外ではなかった。Newton の万有引力は、遍在する神がこの宇宙に働きかけていることの直接的な現れであり、ひとつの強力な証拠になると信じられていたようである。知識追求の動機にしても、最終的には宇宙を創造した神の「創造の神秘」や「創造の秘密」を解明することであり、「真理」とは「神の創造の神秘」と同義語であったという。Copernicus、Kepler、Galileo、Descartes らも例外なく、このような動機をもっていた[2]。

　キリスト教的世界観と不可分であった時代を「前科学」と呼ぶ場合があるが、「前科学」期である19世紀までの実証主義の源泉を Bacon の帰納主義に求めると、Bacon の自然科学とは、経験的な事実をあげることによって帰納的に築き上げられる知識の累積的、漸進的、進歩的な体系であるとみなすものであった。Aristoteles は三段論法を中心に演繹論理を組織化し、19世紀までは多くの人に受け入れられてきたが、Bacon は、この Aristoteles に由来する「演繹法」のように、一般的真理や勝手な憶測から説明するのではなく、膨大なデータを収集し比較して、事例間の「共通本質」を求めるという「帰納法」を科学的知識獲得のための方法として提唱した。彼のこうした考え方は、Diderot や d'Alembert などフランス啓蒙主義の百科全書派に受け入れられ、最大限に評価されていき、19世紀の Saint-Simon、Comte に始まる実証主義的な発想も、ベーコン流の帰納主義的な実証主義を方法論としてもちつづけていた[3]。

1　村上（1977）、井山, 金森（2000）、久保田（2001）、伊藤（2002）、坂本（2002）。
2　村上（1977, 2001）。
3　山本（1986）、小林（1996）、村上（2001）、西脇（2002）。

第2節　科学哲学論争史

1．論理実証主義

　1930年代に誕生したウィーン学団は、Schlick を中心に、数学者の Göedel、経済学者の Menger、物理学者の Carnap らを構成員として誕生し、Wittgenstein の『論理哲学論考』(以下『論考』)から「論理実証主義」をつくりあげた。彼らは、当時優勢であった非科学的、形而上学的哲学を攻撃し、現代哲学は「科学的世界把握」の学でなければならないと宣言して、新しい科学哲学の成立を謳いあげた。彼らにとって聖典に等しかった『論考』は、「検証可能性（verifiability）」という点から、科学的知識と非科学的知識を分ける基準を鮮やかに示した書物として受けとめられたのである。『論考』の「人は語り得ぬものについては、沈黙しなければならない」という一節をもって、「語り得る命題」（経験的手段を講じれば真理値を決定できる命題）のみが「科学」であり、「科学以外の命題については沈黙せよ」と解釈された。これは Wittgenstein の感覚とはかなり異なっていたようだが、たしかに『論考』から生じるひとつの帰結であったという[4]。

　論理実証主義は、科学哲学の役割を正当化の文脈に限定し、言明に含まれている諸々の概念や命題が経験に還元される言明のみを有意味で妥当な言明とみなした上で、それをもって、科学／非科学の境界に設定した。この立場によれば、形而上学的な言明は検証テストの可能性をもたないので、科学的知識の領域から排除されなければならない。彼らの基準に従えば、観察証拠が科学的知識のための唯一の源泉であり、言明の正当化の根拠であった。また、論理実証主義者のもうひとつの目標は、科学理論の構造を公理にもとづく演繹的体系として論理的に整備するとともに、経験科学を唯一の理論言語

---

[4] 佐和（1986）、村上（1989）、竹田, 西（1998）、坂本（2002）。

Ⅰ　マーケティングの科学論争

によって統一することであった[5]。なぜなら、古代ギリシャ以来、もっとも理想的な知の体系はユークリッド幾何学に見られるような数学の体系、いわゆる公理系とされており、現代科学の目指す理論構築もまた、そうした公理系を理想としていたからである[6]。

　しかし、やがて論理実証主義は「帰納の問題（problem of induction）」に直面する。「帰納」とは、有限個の観察結果（単称言明）から理論（普遍言明）を導出しようとすることであるが[7]、帰納の原理はそれを正当化しようとすれば無限後退に陥らざるをえない。18世紀のスコットランドの哲学者David　Humeによると、帰納的推論の背景には、「斉一性原理」が暗黙の前提としてあるという。斉一性原理とは、「これまで観察したものと、まだ観察されていないものは似ている」という原理であるが、この斉一性原理が妥当でなければ、帰納法に対する懐疑が発生する[8]。帰納的推論を通じて（おそらく）真の科学的知識にたどり着けるとするのはなぜなのか、そして、一体何回の観察証拠を揃えればよいのかという問題である。論理実証主義が、形而上学的命題を非科学として排除することを第一義的目的としていたにもかかわらず、経験科学（自然科学）をも命題を正当化することができないもの、すわなち、非科学的命題として扱わざるを得なくなってしまうのである[9]。

5　堀田（1991）、野家（1998）。
6　坂本（2002）。
7　西脇（2004）では、「演繹的方法はわずかなる言明（公理）からスタートし、それらから論理的に導出される多くの新なる言明を証明することがゴールとなる。帰納的方法は自然についての多くの観察データからスタートし、自然の仕組みについてのわずかな、しかし強力な言明（法則や理論）を見いだすことがゴールとなる（p.105）」とする。ところが、演繹と帰納の違いは、普遍言明→単称言明（演繹）、単称言明→普遍言明（帰納）ばかりとは限らず、推論する人の意図に依存しているという。すなわち、「推論を行う人が前提の真理が結論の真理を定義と論理的な帰結関係だけから導出できると信じるなら、その推論は演繹的である。そのように信じないが、結論が正しいと信じる根拠がある程度与えられていると信じるなら、その推論は帰納的である（p.135）」というのである。
8　伊勢田（2003）。
9　上沼（1991）。

2．論理経験主義

　論理経験主義は、マーケティング研究者の多くが依拠する科学的方法論として主要な立場をしめるとされている[10]。論理実証主義は、1930年代半ばから1950年代半ばを通して、「検証（verification）」の概念を徐々に拡大し、「確証（confirmation）」の概念、すなわち確率論的確からしさを是認する立場に移行した。Carnapによって提唱されたこの立場が、論理経験主義である。ある命題が経験的に正しいということが100％確かだということはできないが、正当な帰納によって到達した一般化はおそらく真であるという考え方であり、そこでは帰納の基礎である観察の数が増え、観察をする条件の多様さが増大するにつれ、導出される結果が真である確率が増大するとされた[11]。

　しかし、この論理経験主義も、論理実証主義で批判された「帰納の問題」を回避しておらず、それ以外にも、観察誤差と観察事実の理論負荷性という問題を伴うと指摘されている。特に後者について、論理実証主義（経験主義）では、認識や理論から独立の中立的な「感覚与件（センス・データ）」というものがあり、科学的知識の構成はそのようなものの忠実な観察と記述から始めなければならないと考えられている。しかし、論理実証主義の台頭以前に、Duhemによって、物理学における観察とは現象の直接的な記述という仕方ではありえず、それは現象についての理論にもとづく解釈であるという見解が表明されていた。さらに、Popperも1934年には「中立的な観察などありえない」と指摘しており[12]、それをHansonが「観察における理論負荷性」として徹底させて、論理実証主義的科学観に一撃を与えたのであっ

10　Anderson（1983）によれば、具体的な例として引用されるものに、PIMS研究者の例がある。それは、620のビジネスを代表する57社の観察結果にもとづいて、市場シェアとROIとの間に正の線形関係が存在すると結論づけたものである。
11　Chalmers（1982）。
12　小河原（2001, p.20）。

た[13]。

　その後、洗練された論理経験主義または現代経験主義とされる立場が、科学のプロセスを、理論や仮説を発見する「発見の文脈（context of discovery）」と発見された理論や仮説を精緻化ないし妥当化する「正当化（妥当化）の文脈（context of validation）」とに識別することによって解決を図ろうとする[14]。「発見の文脈」とは、ある仮説が作られるにいたる過程のことであり、さまざまな不合理な要素が入ってくるとされる。また、「正当化の文脈」とは、作られた仮説が受け入れられる過程で、基本的には合理的とされる。伊勢田によれば、Newtonが彼の錬金術的関心から万有引力にたどりついたかもしれないことも、すべて発見の文脈に分類されるので、どんな不合理なことがおこってもかまわないが、仮説がたてられたなら、その正当化、すなわちその仮説を受け入れるか受け入れないかの判断は事実と論理にもとづいて合理的になされなければならない[15]。故に、科学を正当化の文脈に限って、議論しようという動機が働くのである。しかし、正当化の局面において用いられる論理がなお帰納主義であるために、依然として「帰納の問題」の困難を免れることはできなかった[16]。

3．反証主義

　ウィーン学団の異端児Popperは、論理実証主義が唱えるような「検証」の手続きは、例えば自然法則のような普遍命題については成立せず、帰納の問題を克服するためには、正当化（実証）ではなく誤り排除（反証）をしなければならないと主張した[17]。反証主義は、ある命題が真であることを実証

13　小林（1996）。
14　上沼（1991）。
15　伊勢田（2003）。
16　上沼（1991）。
17　小原（1997）では、Popperの科学哲学が誕生したのは1919年であったとされるが、この時期、PopperはAdlerの個人心理学やFreudの精神分析、マルクス主義、Einstein

することはできないが、真でないとして反証することはできるとし、「検証」や「確証」の概念に代わって暫定的解でよしとする「験証（corroboration）」の概念を採用する。「すべての白鳥は白い」という命題があるとすると、「なかには黒い白鳥もいる」という反証が成り立つならば、その命題は正しくないということになる。

　Popperのいう科学理論は、感覚与件を媒介にして検証されるのではなく、反証されるのだということになる。彼は理論をすべて完全に反証できると考えたのではなく[18]、科学／非科学との境界設定の基準が「反証可能性」で、反証可能性を備えつつ、未だ実際に反証はされていない理論こそ科学的な理論であるという主張であった。Popperの立場は「方法論的反証主義」と呼ばれるものであるが[19]、それは、境界設定の基準は方法論的であり、理論の信奉者が反証されたことを特定の状況の中で受け入れるかどうかを判定できなければならないとしている。Freudの精神分析やAdlerの心理学は、理論の支持者がどんな可能な観察も理論の拒絶ではないと考え、この理論と矛盾するような事態を想定することができないような構造になっている点で、反証不可能であり非科学的であると主張した。また、Marxの歴史理論も、当初は反証可能性を備えており、実際に反証されたのだが、後継者たちがさまざまな言い抜けを駆使して理論を再解釈し、結局のところ反証できないものになってしまったとPopperは批判している[20]。反証可能性を備えた理論はある種の観察や実験が行われることによって、反駁され訂正される可能性がある。科学理論のこのような特性こそが科学の「進歩」を可能にし、科学的態度のもつ合理性を説明するものなのである[21]。

の相対性理論を学んでいる。当時、これらは疑いもなく科学的理論であるとみなされていたが、Popperにとっては、Einsteinの相対性理論以外は、科学の要件を満たしているとは思えなかった。この科学／非科学の境界設定問題こそが、彼の科学哲学の核心のひとつであった。
18　Popper（1959, p.51, p.312）。
19　伊勢田（2003）。
20　村上（1989）、西脇（2004）。

I マーケティングの科学論争

　現在では、反証主義が重要な洞察を含むことを多くの科学哲学者がみとめながらも、反証主義そのものを擁護する科学哲学者はほとんどいない。その理由のひとつが、「過小決定（underdetermination）」の問題である。過小決定とは、「観察によって仮説が決定されない」という考え方で[22]、仮説と初期条件だけから観察予測を演繹することはできず、「補助仮説」と呼ばれるさまざまな暗黙の仮説群に支えられて、はじめてこの「演繹」がなりたっているという。あとづけで補助仮説群をつけ加えることで、不利な観察結果も修正処理できるならば、仮説の反証など原理的にありえなくなる。方法論的反証主義者（Popper）なら、あとづけの変更に訴えて仮説を救済してはならないというルールの問題と捉えるので、反証は不可能にはならないし、あくまでルールなので、実際にあとづけの変更をする科学者がいても、ルールは間違っていないといえるかもしれない。しかし、海王星発見の事例にみられるように、さまざまな補助仮説を提出して、一般相対性理論の登場までニュートン力学を放棄しなかった科学者達は、半世紀に渡りルール違反をして「非科学」の領域にいたことになり、反証主義では「科学／非科学」を明確に区別することができなくなってしまう[23]。

　マーケティング研究の場においては、これまでPopperの反証主義そのものに立脚する研究者は若干はいたが、アメリカのマーケティング科学哲学論争に登場する論者の中には見あたらず、ミッシング・リンクとなっているのが実状である[24]。その理由として上沼が指摘するのは、マーケティングにおける科学哲学の議論が、マーケティングを科学たらしめるための方法論議であるため、各学派の差は些末なものと認識されており、反証主義は論理経験主義の変形と同一視されるぐらいの理解しか得られていなかったという点である[25]。また、科学哲学史の展開上、反証主義が登場する頃には、相対主義

21　村上（1989）。
22　例として、海王星の発見が取り上げられている（伊勢田　2003, pp.52-57）。
23　伊勢田（2003）。
24　堀田（1991）、上沼（1991）、阿部（2001）。

的科学観が提示されていたために、Hunt が口火をきった頃には、本家の科学哲学は相対主義の時代に突入しており、マーケティングの科学哲学論争では、反証主義が見過ごされてしまったのかもしれないといわれている[26]。

3-1. 洗練された方法論的反証主義

Popper の学徒であった Lakatos は「研究プログラム（research programmes）」の方法論を提唱した。Lakatos は科学の歴史を、批判を受けつけない中核部分（固い核）とそれを取り囲み柔軟に変化する部分（防護帯）とからなる理論構造体（「研究プログラム」）の攻防の歴史として捉える。この試みによって、Kuhn の挑戦のために危機に瀕した反証主義を救い出そうとした点では、Lakatos は紛れもなく Popper の後継者（「洗練された方法論的反証主義」）であった[27]。

Lakatos のオリジナリティは、一定期間の歴史的推移を視野に入れ、競合する研究プログラムの成長を比較すると、静態的な論理分析では果たせなかった評価がそこでは可能となるという点だ。なぜならば、一方の研究プログラムに有利な経験的内容は、その有限性ゆえに固い核を論証できなくとも、競合する相手の経験的内容と比較することができるからである。Lakatos は防護帯の変更が新しい予言につながり成功させていくプログラムを前進的プログラム、新しい予言につながらないあとづけの変更に終始するプログラムを後退的プログラムと呼び、選択の際には、前進的プログラムを選択せよという。これは、方法論的反証主義をさらに弱めたもので、過小決定の問題を踏まえて、あとづけの修正でも前進的であればよしとし、また前進的でなくとも一度や二度ならよしとするというのが、研究プログラムという方法論なのである[28]。

25　上沼（1991）。
26　上沼（1991）。
27　村上（1989）、井山，金森（2000）。
28　伊勢田（2003）。

Lakatos の主張では Kuhn の主張と同様、理論変換に関する非合理性が解決されずに残されており、このことは Lakatos が反証主義の擁護の立場をとりながらも、相対主義の立場をとるものとしてみなされる原因となっている。歴史的合理性は、実際に起きた歴史の過程をなぞるように、理論の交代劇を再構成するものであり、より整合的な再構成を与える合理性のモデルをめぐって、1970年代には科学哲学者のあいだで論争が繰り広げられた[29]。

3-2. 研究伝統

その論争の中で有力だったもうひとつの学説は、科学哲学者 Laudan が提唱した「研究伝統（research tradition）」の方法論である。研究伝統は、形而上学的・方法論的な思想によって特徴づけられた固有の理論群から構成されている。Laudan は科学的知識の本質を「問題を解決する」ことに求め、論理実証主義以来の伝統であった知識の論理分析に別れを告げた。Lakatos の固い核は固定した不変なものであったのに対して、研究伝統では固有部分の理論について新陳代謝を許す。研究伝統によって提供された指針にもとづいて、科学者は経験論的問題と概念的問題に大別される問題を探求していくが、Laudan はもっとも問題解決効率の高い研究伝統が進歩を刻み、進歩の度合いの大きい研究伝統を選択することに合理性を求めた[30]。

歴史的合理性の探求は1980年代になると下火になる。その理由は、合理性の評価に一定の猶予期間を必要としたために、理論の認識論的評価にほとんど効力をもたらさず、むしろ理論選択や知識の受容に働く社会的・制度的要因への関心が高まり、合理性のもつ正当性それ自体、社会的に構成されるものとして分析されるようになったからである[31]。実際、Kuhn も Laudan（1974年死亡）も1970年代を最後に、「パラダイム」や「研究伝統」について語るのを止めてしまった[32]。

29　村上（1989）、井山, 金森（2000）。
30　井山, 金森（2000）。
31　井山, 金森（2000）。

4．相対主義[33]

　相対主義は、「観察事実の理論負荷性」を指摘した Hanson に始まるとされる。Hanson は、感覚与件としては、どの人も「同じ」ものを受け取っており、そこは万人に共通なのだが、それぞれの人が、それぞれに主観的な「解釈」の体系を働かせて、「同じ」感覚与件に「別の」解釈を与えるために、異なった結果が生じるという。つまり、彼にとっては、「見ること」＝「解釈すること」であった。高度に科学的であればあるほど、「観察事実」の理論への依拠度は高くなり、それゆえ、「理論負荷性（theory-ladenness）」も大きくなると考えられる。データがある理論を反証するという場合は、反証はそのデータそれ自体の力によってなされるのではなく、そのデータに負荷されているもうひとつの理論系の力によるのだという考え方が、Hanson のなかには生まれている。これは、「理論はデータによって倒されるのではなく、理論によって倒されるのだ」といういい方で集約される[34]。

　相対主義の代表と目されるのが Kuhn であるが、彼が提唱した「パラダイム論」は、著者の意図をはるかに越えた広がりをみせて普及している。「パラダイム」とは、科学者集団が共有している一連の概念装置や実験手続きを

32　伊勢田（2003）。
33　1960年代に始まった世界的な規模（先進諸国間）で拡大した学生運動は、その当時まで、約100年にわたって、いわゆる「先進」諸国が追求してきた「近代的価値」への根本的な疑問の提出を含み、あるいはそれへの異議申し立てをはらんでいた。普遍・至上化された「近代的価値」に対して、近代社会そのものの内部に育った疑問や異議は、こうしてひとつの社会現象にまで拡大したが、それは学問の分野にも影響を与えないはずはなかった。例えば、いわゆる「文化相対主義」が文化人類学を中心として、大きな流れを形成したのも、このような社会的過程と同期しており、社会学の分野では「エスノメソドロジー」が提唱された時代でもあった。大陸では、歴史の分野で、アナール派と呼ばれる一群の歴史学者が登場して、新しい歴史記述法にもとづく歴史を書き始めていた。いわゆる構造主義哲学の一部も含めて、同じ時代に先進諸国の間に現れたこれらの思想運動や主張に共通な要素は、第一には近代西欧中心主義の否定であり、第二には、より一般的な問題として、普遍的体系に対する否定の契機であり、文脈依存性と文脈内「細部」への関心だった（村上　1989）。
34　村上（1989）。

含めた科学研究の規範、規約、約束事のことである。Kuhn の科学理論に対する態度は、あらかじめ究極的な真理のようなものが措定されていて、科学者はその目的に向かって少しずつ前進していくといった旧来の発想とはまったく違っており、ある科学者集団が共有するパラダイム（通常科学）、その動揺と変動（異常科学）、あらたなパラダイム候補の登場、科学革命、あたらしいパラダイムの受容（通常科学）というように、科学史を長期波動のサイクルとして描き出していくべきだとするものであった。論理実証主義は、科学理論の「共時的」分析に他ならず、ウィーン学団は科学哲学から「通時的」分析、すなわち歴史的考察を捨象したので、理論変換も静的な論理分析の手続きに還元されることになったが、Kuhn のパラダイム論は、科学理論の変換に歴史的視点を取り込んだものともいえる。Kuhn はまた、異なるパラダイム間は「共約不可能」であると主張したが、このことは科学的知識の絶対的優位性を否定することとなった[35]。

　Kuhn の理論は当初無視されていたが、無視しぬくことができないとなると、論理実証主義者をはじめとして猛烈な反論、反発が投げつけられた。Kuhn への批判は、第1にその説明が歴史的に正しくないという主張であった。自然科学のひとつの学問分野をひとつのパラダイムが支配した期間はなかったし、Laudan が指摘したように、自然科学の歴史の主要な期間は、多くの競合するパラダイムが共存していたことで特徴づけられる。第2の主要な批判は、Kuhn が特徴づけた「信念」としての活動である理論選択であった。多くの科学哲学者が反対意見を表明したように、Kuhn の主張は、科学のプロセスから合理的な選択の要素を取り去ってしまうと考えられたからである。1969年の補章の中で、「ある科学者集団が共有しているものがパラダイムである」というかたちでパラダイムを定義しなおし、世界観や問題設定などいくつかの要素を含んだ広い意味でのパラダイムを「専門母体（disciplinary matrix）」と呼び、より狭い意味で、パラダイムの核心となる模範回答例の

35　Kuhn（1962）、野家（1998）。

第1章　方法論争の展開

部分を「見本例 (exemplar)」と呼ぶこととして、用語法を整理した[36]。そして、ついに Kuhn 自身が「パラダイム」の概念を撤回する事態に至ったが、Kuhn の主張は、論理実証主義者らの伝統的科学観に対して激しい一撃を加えたことは確かだった[37]。

最後に、相対主義のもっとも先鋭的な立場をとるのは、Lakatos 同様に Popper の学徒であった Feyerabend である。彼は、科学における理論体系の廃棄や採用の際に常に働くべき「合理的な」論理があり基準があるとする Popper の立場を強く批判し、「科学は本質的にアナーキスト的な営為である」というラディカルな表現を用いた。このような立場に立てば、必然的に科学／非科学の本質的な差は認められなくなり、そこから Feyerabend の徹底した相対主義が現れて、それは「進歩を妨げない唯一の原理は、anything goes（なんでもかまわない）である」という表現に帰結するのである[38]。ただし、彼が「なんでもかまわない」といっているのは、合理性の基準に関してであって、どのような科学政策がとられてもよいということではない。彼が問題としたのは、研究を「権威づけ」して語ろうとする態度であり、複数のアプローチが存在するところで、そのうちひとつだけが排他的な地位を得ることなのである[39]。

マーケティングにおいては、論理経験主義が主流であるのにも関わらず、相対主義的科学観がマーケティングの科学哲学論議の中にスムーズに浸透してきたのはなぜか。阿部は、相対主義的立場と消費者行動の解釈主義的研究方法とを結びつけて、「科学的」という基準を満たさないという点で、その

36　Kuhn (1962)。しかし、「専門母体」や「見本例」は「パラダイム」という言葉ほどのインパクトはなく、あまり広く使われるには至っていないようである（伊勢田 2003）。
37　Anderson (1983)、山本 (1986)。
38　Feyerabend は第二次世界大戦に従軍して障害をもつ身体になっており、注33のような時代背景が、Feyerabend の議論を左右していたことは疑い得ない。その点が、一世代前に書かれた Kuhn の『科学革命の構造』とは著しく異なるところである（村上 1989）。
39　Feyerabend (1995)。

隆盛ぶりに懸念を示している[40]。また、上沼は、相対主義的科学観の備える特質のかなりの部分が、マーケティング研究の本性に一致するか、もしくはマーケティング研究にとって好都合だからではないかと推測する。「相対主義的科学観の一つの実践がFeyerabendのいうような「自由社会」の実現であるとしたら、(中略)マーケティング思想は、そこにおいて、論理経験主義や反証主義が支配的である社会においてよりも、ひとまずは居心地のよい思いをするであろうということである[41]。」

　以上のような科学哲学の議論を経て、どこにたどりついたのだろうか。科学哲学の目的は、科学とは何か、科学とはどんな知的活動かを知ることである。Popperの科学哲学的な興味の出発点が、精神分析やマルクス主義の科学性への疑問ということからも分かるように、「科学／非科学」の「線引き問題（demarcation　problem）」が科学哲学の重要な課題であった。Popperの場合は、Einsteinの一般相対性理論の成功に感銘をうけ、なにが科学を成功に導いているのかを考えた結果が反証主義だったのである。実際には、科学／非科学の明確な線引き問題は成功しているとはいえないものの、どのような方法論が科学の成功を支えているのかについて、科学哲学の議論の蓄積がある程度の見通しを与えているというのが現状である[42]。

5．科学的実在論

　線引き問題から派生するもうひとつの問題として、果たして科学／非科学の対象が存在するのかという実在論の問題がある。科学哲学の立場からは、「一番よい」理論が解き明かそうとする真理があると考えるのか、科学理論があってそれによって形作られる世界があると考えるのかは、科学への接近方法に少なからず影響を与えると考えられている。

40　阿部（2001）。
41　上沼（1991, p.234）。
42　伊勢田（2003）。

第 1 章　方法論争の展開

　歴史的には、19世紀になると、古典的実在論争にかわって科学的実在論論争がクローズアップされるようになってくる。科学的実在論は「科学的知識の対象は科学者の心や行為から独立して存在し（形而上学的側面）、科学理論は客観的世界について言及する（認識論的側面）[43]」と主張するが、実在論論争とは、科学によって措定される実体は実在するのだろうか、人間などいなくても世界が（目に見えないものが）存在するか、ということに関わる論争である[44]。

　実在論的立場では、真なる理論が実在世界の正確な記述を与えるというかたちで、「真理」という観念が導入されるが[45]、「真理」はどのように把握されるのであろうか。Popper の場合には、「対応説としての真理論」をとる。それは、意味論的真理論と呼ばれる Tarski の真理論で、言明と事実とが対応（一致）するときに当該の言明は真であるとされ[46]、絶対的な真理の判定基準のようなものは存在しない。つまり、科学的実在論者が「真」という場合、理論のいっている内容が世界のありかたと対応している、ということを（おおむね）意味している。さらに、科学的実在論においては、理論と対応する世界やその中の事物の方は、理論と独立に存在していると考えられる。

　「科学的実在」に関する見解としては、客観的に存在するとする立場もあれば、「科学的実在」は研究者同士の修辞的やりとりや政治的駆け引きをも巻き込みながら作成され、「客観性」は物そのものの性質から自然にわき出てくるというよりは、修辞や政治のような戦略的成分や、記載されたものがもつ安定性による援護などの一連の装置を介して、文字通り社会的に構成されるとする見解もある[47]。

43　西脇（2004, p.210）。
44　伊勢田（2003）。
45　Chalmers（1982）。
46　（1）「雪は白い」は、実際に雪が白いとき、かつそのときに限り、事実に対応する。
　　（2）「草は赤い」は、実際に草が赤いとき、かつそのときに限り、事実に対応する（Popper 1963, p.377　小河原　2001）。
47　井山, 金森（2000）。

Ⅰ　マーケティングの科学論争

　新しい科学的実在論としては、HackingやCartwrightの介入実在論[48]（entity realism）と呼ばれるものがある。簡潔にいえば、科学者が操作や介入できるものは存在するという立場である。例えば、電子を自分の思ったとおりに射出して、思ったとおりの効果を生み出せるのなら、電子は実在するといえるというわけだ。操作・介入という考え方を実在の基準として用いると、再現性よりも強い条件を設定することになり、実在性の主張としては非常に制限されたものになるが、科学者の中ではそれなりに支持されているという。科学的実在論を支える論拠としては、伝統的には「奇跡論（無奇蹟論）」（科学的実在が偽であるならば、科学の成功は奇跡となってしまう）などもある。20世紀の科学哲学の歴史では、反実在論の方が勢いをもっているようにも見られるともいわれるが[49]、実在論や反実在論（非実在論）も多数あり、議論は続いている。

5-1. 反実在論の要約[50]

操作主義（operationalism）：1920年代に提唱され多くの哲学者に影響を与えた。観察不可能なものを指す言葉は、すべて観察可能なものについての言葉に翻訳されて理解されなくてはならない。例えば、「電子がある」という言明は、「これこれこういう実験（操作）をするとこういう結果がでる」という言明に翻訳され、電子についてのその他の言明もこうした翻訳にもとづいてすべて置き換えなくてはいけない。しかし、物理学では「電子」という概念は不可欠なため無理があり、操作主義そのものは廃れてしまったが、社会科学において「操作的定義」として生き残っている。

道具主義（instrumentalism）：1930年代から1950年代に盛んだった論理実証主義の中心的見解が道具主義であるが、科学理論は現象をうまく説明するた

48　伊勢田（2003, p.142 注5）。
49　伊勢田（2003）。
50　伊勢田（2003, pp.108-150）。

めの道具にすぎないと考える。道具主義は観察不可能なものを指す言葉を翻訳しようとはしないが、言葉はそれ自体では無意味であると考える。「電子がある」という言明は意味がないが、それを科学者が使う理由は役に立つからであるとする。基本的な科学理論によって、現象的規則が統一されると、さまざまな現象的規則を基本法則から導くことができ、新しい場面での現象的規則の予想に使えるという実用性もある。道具主義は、「観察可能なものを指す言葉」と「観察不可能なものを指す言葉」が区別できるという前提にたつわけだが、ある観察可能な対象をどのように表現するのかは、すでに理論の影響を受けている（観察の理論負荷性）ため、言葉のレベルで、理論と観察の明確な区分をたてる努力は失敗に終わる。

20世紀前半の科学哲学は何かといえば言葉の意味を問題にしたがった。科学的実在論は実際に目に見えないものが存在しているかどうかをめぐる論争であるはずなのに、これらの立場は目に見えないものを指す「言葉」の意味についての話にしてしまった。Kuhnの登場以降、そうした言葉への偏執が薄れて行くにつれ、道具主義のような立場はあまり説得力をもたなくなり、1970年代ごろには奇跡論法に支えられた科学的実在論が一世を風靡した。

構成的経験主義（constructive empiricism）：1980年にオランダのvan Fraassenにより提唱された立場で、「科学の目的」という視点を導入する。科学の目的は、経験的に十全な（empirically adequate）理論を組み立てる（構成する）ことであり、そのためには、直接目に見えない部分で理論が真かどうかは問題ではないというのである。道具主義が理論と独立に観察を捉えてきたのに対して、van Fraassenは、観察の理論負荷性を否定しない。理論負荷的な観察の範囲内でも理論からの予測と観察の間の矛盾は残るが、それを減少させることが科学の目的だというわけである。目に見えない物は実在しない、という積極的な主張ではなく、実在するかどうかについて、集団的な営みとしての科学は関知しないということなのである。

6．科学論の現状

　井山と金森によれば、現代の科学論は大きく科学史、科学哲学、科学社会学という3領域を中心に、文化人類学、文学、政治学、経済学などの諸分野が適宜融合した独自の領域を構成しつつある。科学史は、従来からのスタイルに多少とも社会的分析をも包含した個別事例を積み重ねつつあるが、広く一般の注意を引くには内容が専門的すぎるきらいがある。科学哲学は、Kuhn以降の「新科学哲学」が1960年代から1970年代にかけて科学哲学自体を越えた広範な論議を呼んだが、その後、社会との接点をより深く掘り下げることはせず、独自の研究伝統のなかに再び舞い戻ったという印象が強い。以上のような事情から、現代科学論の基底部分を構成するのは、科学社会学であると考えられているということである。科学哲学の議論に関しては、研究現場で実際に起こっていることとの乖離があまりにも大きいという声もあるが、科学論においては、科学哲学論争自体は、大きな動きになっていないようだ[51]。

第3節　マーケティングにおける論争

　アメリカにおけるマーケティング研究に関する論争の歴史を振り返ると、1950年代のマーケティングが技法か科学かを争った「マーケティング科学論争」、1960年代後半から始まるマーケティングの概念の拡張についての論争であった「マーケティング境界論争」、1980年代に本格的に活発化してくる科学哲学がその中心的論点になる「マーケティング科学哲学論争」、そして1990年代の「実在論争」へと展開する。この点については、本書の他章でも論じられるので、本節では概略を述べるにとどめる。

51　井山, 金森（2000）。

1. 1950年代 「マーケティングは科学か」論争

マーケティング研究の科学的地位に関する最初の問題提起は、Converseによってなされたとされるが、現在の科学哲学論争の文脈における方法論的性格のものではなく、彼の果たした役割は、後の論争の火つけ役と見なせるかもしれないという程度である[52]。初期の議論としては、Bartels、Hutchinson、Baumolなどがあるが[53]、科学の基準について建設的な提起をしたのは、Buzzellであったといえよう[54]。

Buzzellは、科学の要件として、(1)知識が分類され体系化されたものであること、(2)ひとつ以上の中心理論と一連の一般原理をめぐって組織されていること、(3)通常は量的なタームで表現されること、(4)予測を可能とし、そしていくつかの状況下では、将来の出来事が統制可能な知識であることをあげている。これらの基準に照らしてみると、中心理論が欠如することから、マーケティング研究はまだ科学にはなっていないと指摘した[55]。

当初の議論は、科学の意味を辞書に求めて、帰納主義的な知識の獲得方法をもって科学的方法であるとした。マーケティングを科学と認める者も認めない者も、科学(的知識)とは真理であり、探求すべき絶対的存在としてのそれであることに変わりはなかった[56]。

2. 1980年代 科学哲学論争

1980年代のマーケティングの科学哲学論争は、Huntによって口火が切ら

---

52 いずれマーケティングの諸原理や諸概念の起源についての研究が着手されるであろうと想定して、1920年代前半にマーケティング研究の領域に従事するようになった研究者に現状のアンケートを行った(Converse 1945)。
53 Bartels (1951)、Hutchinson (1952)、Baumol (1957)。
54 堀田 (1980)。
55 Buzzell (1963)。
56 上沼 (1991)。

Ⅰ　マーケティングの科学論争

れた[57]。Hunt は、自らが依拠する立場は論理経験主義であることを明らかにし議論を進めるが、その研究動機は科学的方法論の議論を通じてマーケティング研究を科学の地位に高めるための条件を整えることであり、科学／非科学論争の延長として捉えることもできる。Hunt の「科学としてのマーケティング」は以下のように要約される。

　科学は、（1）記述され分類される現実世界から抽出される顕著な対象をもっており、（2）その対象を相互に関連づけている根本的な統一性と規則性を前提とし、（3）その対象を研究するために相互主観的な検証（intersubjectively certifiable）手続きを採用する[58]。科学の主要な目的は、現象を説明し、予測し、理解し、制御するための法則および理論を発展（創出・発明）することである。「科学」という名誉ある称号は、「中心理論」を含むところまで成熟してはじめて与えられるべきものであるが、「科学としてのマーケティング」における根源的問いかけは、マーケティング現象を、統一、説明、予測するのに役立ついくつかの中心理論があるか否かということではなく、むしろ、マーケティング論の研究対象を構成している現象の中に根源的一様性および規則性があるのか否かである。故に、科学的方法によって獲得された知識を科学的（知識）と呼ぶので（「方法主義」）、マーケティングは科学である[59]。

　Popper が、科学／非科学の境界として「反証可能性」を設定し、論理実証主義に勝利したことを考えると、論理実証主義の拡張とみられる論理経験主義に立ちつつ、方法主義によって境界を設定することは、科学哲学の議論からするとはずれているといわざるを得ない。また、反証主義は、相対主義の攻撃にさらされて後退していくので、以下の Anderson や Peter と Olson の議論を待つまでもなく、論理経験主義がマーケティング研究の主流であるとはいえ、科学哲学議論における Hunt の立場は苦しいものであるといえよ

57　Hunt（1976c）。
58　Hunt（1976b, p.27）。
59　Hunt（1976a, 1976b）。

う。

　Andersonは、科学プロセスの実行可能な記述として、あるいは、科学活動の規範的な規定としても、理論正当化の唯一の手段として、実証主義の経験的検証だけに依拠することはできないと主張したが、これは、1980年代の科学哲学や科学社会学の流れからすれば当然のことであった[60]。また、Peter and Olsonは、科学／非科学の境界を正当化する基準が発見されてこなかったことは自明であり、科学の主要な役割は、有用な知識を創造することであるとする。その目的は、従来の実証主義／経験主義アプローチではなく、相対主義／構成主義アプローチ、科学認識の文脈特定化、そして相対主義／構成主義プログラムの他の特徴を採用することによって達成される。このアプローチが、マーケティング学者に、新しい概念図式とパースペクティブを創造するための自由と確信を与えることができると主張する[61]。

　1970年代後半のHuntの主張から始まった論争は、科学哲学論争を踏まえた議論という点で、それ以前の論争とは質的に異なるとされるものの、Andersonが指摘するように[62]、当時の科学哲学や科学社会学の分野では、すでに決着がついていたような論点をマーケティングの分野にもちこんでいるところが特徴的であるといえよう。

3．1990年代　真理の実在論争

　1980年代の「マーケティング科学哲学論争」を経て、1990年代に入ると、批判的相対主義と科学的実在主義に視点をずらして、論争が再燃する[63]。

60　Anderson（1983）。
61　Peter and Olson（1983）。
62　Anderson（1983）。
63　本来、哲学的には、相対主義というのは、科学的知識とはなにか、科学的知識を得ることは可能なのか、科学的理論の性格とはどういうものかといったような論理学や認識論的な議論であり、実在論とは、科学理論の想定する対象は存在するのかといった存在論的、形而上学的問題である。したがって、実証主義であるところの論理実証主義の基本認識が、反実在主義の道具主義であることからも分かるように、相対主義／実在主義

Ⅰ　マーケティングの科学論争

　Huntは、相対主義のタイプを存在論的相対主義、概念的相対主義、批判的（価値論的）相対主義に分類した。第1の「存在論的相対主義」は、真実は個人によって構成されたものであり、客観的に評価することは不可能であると主張する（Peterに代表される立場）。第2の「概念的相対主義」は、認識は理論・パラダイムなどの概念枠組みに相対的であり、概念枠組みを超えて認識を客観的に評価することは不可能と主張する（Kuhnに代表される立場）。第3の「批判的相対主義」では、科学の目的や価値はパラダイム・研究プログラム・研究伝統に相対的であり、競合するパラダイムを超えて客観的に評価することは不可能とされた（Andersonの立場）。Huntは、Siegelの言を引き「ある科学的な命題が真実であるという主張は、それが確実であるという主張ではなくて、世界はその命題のいうようになっているという主張である。」とした。さらに「恨みがましい」論争を続けるのではなく、マーケティングの知を生産する時ではないかと提言している[64]。

　科学的実在主義者（Hunt）も相対主義者（Peter）も、論理実証主義、論理経験主義、反証主義は認めないという点では一致しているが、Peterは次のような相違点を指摘している。真理とは、特定のコンテクストのなかでの信念であり、理論によって推論される主観的評価であるにすぎない。外部世界は科学者の認識から独立して存在しない。競合するパラダイム間の選択は形式的な論理や経験的データに純粋にもとづいてなされるのではない。そして、科学的実在主義者と相対主義者の見解が統合されることは不可能なので、マーケティング研究は理論の発見と開発に時間を費やすべきだと主張する[65]。

　結局のところ、これまでの議論に見られるように、科学／非科学論争における「真理」の追求や、テスト可能性などの議論を経て、マーケティング分野でも科学哲学の分野におけると同じように、たとえ「客観的実在」を認め

　　という問いの立て方には疑問が残る（伊勢田 2003、村上 1990）。
64　Hunt（1990）。
65　Peter（1992）。

るにせよ、実在が「主観的な構成物」であるとする立場に立つにせよ、マーケティングの新しい知識の創造や一般理論の形成が不可欠であるということに帰結するのである。

第4節　むすびにかえて

　本章はマーケティング科学の方法論争の展開について概観した。マーケティングにおける論争を振り返ると、マーケティングを「科学」にすることを「目的」とする議論、つまり、どうすれば「科学たりえるのか」に焦点がおかれた議論であったと思われる。1980年代の論争は、マーケティングへの科学哲学の導入という視点の新しさはあったが、科学哲学の議論としては遅れてきた感は否めない。自らの存在領域が「科学」であるという前提に疑問を挟む余地がないと考えられている学問領域（自然科学はいうに及ばす社会科学分野でも経済学など）では、科学論専攻ではない研究者が、方法論を議論することはあまりないといわれている。マーケティングや消費者行動の分野でも、方法論議の重要性を指摘する阿部ですら、日常の研究に際して方法論を意識するようなことはないと述べている[66]。

　それでは、科学哲学の議論は必要ないのだろうか。科学的でないよりは科学的である方がよいというような議論には意味がないが、現場の問題解決に資するような理論的基礎づけを提供する方法論上の批判的検討は行われるべきだろうし、このような問題意識の重要性は、実務家からも指摘されている[67]。

　筆者は、マーケティングの研究や理論構築の目的は、「科学になる」ことではなく、知的価値の創造であると考える。その目的を達成するのに、もっ

66　阿部（2001）。
67　豊島（2002）。

とも有効な方法論を採用すればよいと考えており、多様な方法論が共存することを認めないものではない。特に、マーケティング分野では、人という複雑な研究対象を扱う場合が多いために、自然科学で求められる規準を適応することが困難なこともあるし、解釈主義などが「科学的でない」という理由で排除されることには異議を唱えたい。例えば、消費者行動研究において、消費者情報処理理論から接近することも、解釈主義的な接近を試みることも是認するということである。あらゆる接近方法に対して開かれているというのが、マーケティングという領域の特性をよく表しているようにも思える。

しかしながら、有効性の評価という点については、それぞれの研究目標をよりよく達成する理論開発を目指すべきであろうと考えている。例えば、研究を行う際に、なんらかの実体あるいは理論的構成物（モデルなど）を措定することが、研究者間のコミュニケーションを促進するのであれば、それを是認する。また、なんらかの企業成果指標を推定するという目標を設定するのならば、複数の方法の中から、その目標をよりよく達成するのは、どのような方法によるものかを検討するべきであろう。

多様な方法論の併存を認めつつ、進歩の度合いが大きい研究方法を採択するという立場をとることは矛盾する言説であるが、Hunt が「批判的多元主義と友好関係樹立」と述べるように[68]、マーケティングの研究対象への接近方法は開かれたものであることが望ましく、マーケティング科学は知識の創造を続けていくことが求められているのではないだろうか。

参考文献

阿部周造 (2001),「消費者行動研究の方法論的基礎」阿部周造編著『消費者行動のニュー・ディレクションズ』関西学院大学出版会, 1-36.

Anderson, Paul F. (1983), "Marketing, scientific progress, and scientific method" *Journal of Marketing*, 47 (4), 18-31.

浅田彰, 黒田末寿, 佐和隆光, 長野敬, 山口昌哉 (1986),『科学的方法とは何か』

68　Hunt (1991)。

中央公論社.

Bartels, Robert (1951), "Can marketing be a science?" *Journal of Marketing*, 15 (January), 319-328.

Bartels, Robert (1970), *Marketing theory and metatheory*, Homewood, IL : Richard D. Irwin, Inc.

Baumol, William J. (1957), "On the role of marketing theory," *Journal of Marketing*, 22 (April), 413-418.

Buzzell, Robert D. (1963), "Is marketing a science," *Harvard Business Review*, 41 (January/February), 32-40, 166-170.

Calder, Bobby J. and Alice M. Tybout (1987), "What consumer research is...," *Journal of Consumer Research*, 14 (June), 136-140.

Caldwell, Bruce J. (1984), *Beyond positivism : Economic methodology in the twentieth century, 2nd ed*., London : George Allen and Unwin（堀田一善、渡部直樹監訳『実証主義を超えて－20世紀経済科学方法論』中央経済社、1989年）.

Chalmers, A.F. (1982), *What is this thing called science? : An Assessment of the nature and status of science and its methods. 2nd ed*. University of Queensland Press（高田紀代志、佐野正博訳『新版科学論の展開－科学と呼ばれているのは何なのか？－』恒星社厚生閣，1985年）.

趙顕哲，阿部周造（2001），「仮説研究と統計的仮説～消費者行動研究における誤謬の克服を目指して～」『マーケティング・ジャーナル』，(81)，39－46.

Converse, Paul D. (1945), "The Development of the science of marketing-An Exploratory survey," *Journal of Marketing*, 10 (1), 14-23.

Deshpandé, Rohit (1983), "'Paradigms lost' : On theory and method in research in marketing," *Journal of Marketing*, 47 (Fall), 101-110.

Feyerabend, Paul (1995), *Killing time – The Autobiography of Paul Feyerabend*, Chicago, IL : The University of Chicago Press（村上陽一郎訳『哲学、女、唄、そして…ファイヤアーベント自伝』産業図書，1997年）.

Halbert, Michael (1965), *The Meaning and sources of marketing theory*, New York, NY : McGraw-Hill Book Company.

Halbert, Michael (1964), "The Requirements for theory in marketing," *Theory in marketing*, Reavis Cox, Wroe Alderson, and Stanley J. Shapiro (eds.), Homewood, IL : Richard D. Irwin, Inc., 17-36.

Ⅰ　マーケティングの科学論争

堀越比呂志（1991），「S. M. レオンにおけるマーケティングのラカトシュ派的再構成に関して」堀田一善編著『マーケティング研究の方法論』中央経済社，155－172.

堀越比呂志（2001），「ラカトシュの方法論的主張に関する批判的考察」ポパー哲学研究会編『批判的合理主義　第1巻　基本的諸問題』未來社，135－154.

堀田一善（1980），「マーケティング研究における方法論的問題情況－初期諸発言の批判的検討（その1）」『三田商学研究』，23（3），99－119.

堀田一善（1981），「マーケティング研究における方法論的問題情況－初期諸発言の批判的検討（その2）」『三田商学研究』，23（6），34－45.

堀田一善（1991），「初期マーケティング研究方法論争の特質」堀田一善編著『マーケティング研究の方法論』中央経済社，1－70.

堀田一善編著（1991），『マーケティング研究の方法論』中央経済社.

Hunt, Shelby D. (1976a), *Marketing theory : Conceptual foundations of research in marketing*, Grid（阿部周造訳『マーケティング理論』千倉書房，1979年）.

Hunt, Shelby D. (1976b), "The Nature and scope of marketing," *Journal of Marketing*, 40 (July), 17-28.

Hunt, Shelby D. (1990), "Truth in marketing theory and research," *Journal of Marketing*, 54 (July), 1-15.

Hunt, Shelby D. (1991), "Positivism and paradigm dominance in consumer research : Toward critical pluralism and rapprochement," *Journal of Consumer Research*, 19 (June), 32-44.

Hunt, Shelby D. (1992), "For reason and realism," *Journal of Marketing*, 56 (April), 89-102.

Hutchinson, Kenneth D. (1952), "Marketing as a science : An Appraisal," *Journal of Marketing*, 16 (1), 286-293.

池内了（2008），『疑似科学入門』岩波書店.

石井淳蔵（1990），「新しい消費者研究の胎動」『国民経済雑誌』，162（6），91－114.

石井淳蔵（1992），「マーケティング研究における解釈学アプローチ」『国民経済雑誌』，166（6），33－49.

石井淳蔵（1993a），「第三世代のマーケティング・アイデンティティ論争」『マーケティング・ジャーナル』，12（4），77－84.

石井淳蔵（1993b），「マーケティング科学論争の新しい波－科学的現実主義と批判

的相対主義 -」田村正紀,石原武政,石井淳蔵編著『マーケティング研究の新地平 - 理論・実証・方法 - 』千倉書房,81 - 106.

伊勢田哲治 (2003),『疑似科学と科学の哲学』名古屋大学出版会.

伊藤笏康 (2002),「科学革命とパラダイム転換」『科学哲学 - 現代哲学の転回』北樹出版,134 - 145.

井山弘幸,金森修 (2000),『現代科学論 科学をとらえ直そう』新曜社.

上沼克徳 (1991),「マーケティング科学哲学論争と相対主義的科学観の台頭」堀田一善編著『マーケティング研究の方法論』中央経済社,205 - 237.

金顕哲 (1993),「マーケティング科学論争と研究方法」『慶應経営論集』,10(3),13 - 24.

駒田純久 (2004),「マーケティングにおけるポストモダン・アプローチ再考」『流通研究』日本商業学会,7 (1),15 - 31.

Kuhn, Thomas S. (1962), *The Structure of Scientific Revolutions*, Chicago, IL : The University of Chicago Press (中山茂訳『科学革命の構造』みすず書房,1971年).

黒岩健一郎 (2002),「マーケティング理論発見の方法としてのレトリック~メタファー創造の手法~」『慶應経営論集』,19 (2),47 - 65.

小林道夫 (1996),『科学哲学』産業図書.

小河原誠 (1997),『ポパー 批判的合理主義』講談社.

小河原誠 (2001),「実証ではなく、反証を - 非正当化主義の概要 - 」ポパー哲学研究会編『批判的合理主義 第1巻 基本的諸問題』未來社,12 - 34.

久保田啓介 (2001),「新しい科学論争の萌芽」『日経サイエンス』,31 (11),26 - 27

水越康介 (2002),「マーケティング方法論研究のための一考察 - 共約不可能性の問題について - 」『流通研究』日本商業学会,5 (2),77 - 94.

村上陽一郎 (1977),『日本近代科学の歩み』三省堂.

村上陽一郎 (1979),『新しい科学論 - 「事実」は理論をたおせるか』講談社.

村上陽一郎 (1990),「科学的実在論について (<特集>科学的実在論)」『科学基礎論研究』財団法人学会誌刊行センター,19 (4),157 - 160.

村上陽一郎 (2001),『文化としての科学/技術』岩波書店.

村上陽一郎編 (1989),『現代科学論の名著』中公新書.

西脇与作 (2002),「科学理論の方法と体系」『科学哲学 - 現代哲学の転回』北樹出版,27 - 40.

I　マーケティングの科学論争

西脇与作（2004），『科学の哲学』慶應義塾大学出版会．
野家啓一（1998），『クーン-パラダイム』講談社．
Peter, J. Paul (1992), "Realism or relativism for marketing theory and research : Comment on Hunt's "Scientific realism","*Journal of Marketing*, 56 (April), 72–79.
Peter, J. Paul and Jerry C. Olson (1983), "Is science marketing?" *Journal of Marketing*, 47 (Fall), 111–125.
Popper, Karl Raimund (1959), *The Logic of scientific discovery*, London : Hutchinson（大内義一，森博訳『科学的発見の論理（上）（下）』恒星社厚生閣，1971年）．
Popper, Karl Raimund (1963), *Conjectures and refutations, The Growth of scientific knowledge*, London : Routledge and Kegan Paul Ltd.（藤本隆志，石垣壽郎，森博訳『推測と反駁』法政大学出版局，1980年）．
ポパー哲学研究会編（2001），『批判的合理主義　第1巻　基本的諸問題』未來社．
坂本百大（2002），「科学哲学とは何か」『科学哲学-現代哲学の転回』北樹出版，14–26．
坂本百大，野本和幸編著（2002），『科学哲学-現代哲学の転回』北樹出版．
佐々木力（1996），『科学論入門』岩波新書．
佐和隆光（1986），「夢と禁欲」浅田彰，黒田末寿，佐和隆光，長野敬，山口昌哉著『科学的方法とは何か』中央公論社，73–94．
Sheth, Jagdish N., D.M. Gardner and D.E. Garrett (1988), *Marketing theory : Evolution and Evaluation*, New York, NY: John Wiley & Sons, Inc.（流通科学研究会訳『マーケティング理論への挑戦』東洋経済新報社，1991年）．
竹田青嗣，西研編（1998），『はじめての哲学史』有斐閣．
豊島襄（2002），「実務へのインプリケーションとマーケティング研究の方法論」『流通研究』，5（1），79–100．
Weber, Max (1919), *Wissenschaft als Beruf*（尾高邦雄訳『職業としての学問』岩波書店，1980年）．
山本啓（1986），「科学論の現在」『現代思想・入門II』宝島社，52, 230–239．
余田拓郎（1997），「マーケティング研究の方法論における課題」『慶應経営論集』, 14（2），133–149．

第2章 科学的実在主義と批判的相対主義の論争

第1節 はじめに

　マーケティング科学論争は、マーケティングの学問的性格に関する論争から始まった[1]。マーケティングは「自然科学や人文社会科学と同じ科学（Science）なのか、それとも企業の問題を解決する実務的な技術（Art）に過ぎないのか」が重要論点であった。

　しかし、この論争は次第に「マーケティングが科学になりうるためにはどのような条件を揃えなければならないのか」にその論点が変わってきた。科学なのか技術なのかという二者択一の問題ではなく、後発の学問であったマーケティングが他の学問と同じレベルになるためにもたなければならない条件を模索するのが論争の重要テーマであった。論点がより発展的な問題へ変わってきたのである。

　しかし、マーケティング科学論争は1980年代に入り、「科学というのはいったい何であるか」、「真理はいったい存在するのか」という、より根本的な問題にその論点が変わってきた。「科学哲学（Philosophy of Science）論争」ともいわれたこの論争は、特に80年代中盤にAndersonなどが相対主義的科学観をマーケティング研究に提示して以来、より激しくなった。

　科学哲学論争は、長い間、マーケティング研究を支配してきた実証主義（Positivism）に対する相対主義（Relativism）の挑戦ともいわれている。相対主義は、実証主義の基本仮定をひとつひとつ否定しながら相対主義の必要

---

[1] 堀田（1991）。

性を訴えた。特に、実証主義的科学観に疑問をもっていた多くのマーケティング研究者から支持を得て、一挙に強力な勢力を築き上げてきた。これに対し、実証主義は長い間、マーケティング研究を支配しながら構築してきたノウハウをベースに相対主義の限界を指摘してきた。

しかし、激しい論争が繰り広げられている間、論争の核心的争点も継続的に変わってきた。また、その間、実証主義にも相対主義にもその内部に様々な分派が発生し、その主張の正確な内容まで把握するのがますます難しくなってきた。たとえば、実証主義には論理実証主義、論理経験主義、科学的実在主義など様々な分派が発生し、相対主義にも存在論的相対主義、概念的相対主義、批判的相対主義、構造主義、解釈主義などの分派が誕生してきた。その結果、論争の争点が不明確になっただけでなく、場合によっては論争のための論争にまで発展したのである。

そのため、今回の論争の中心人物である Hunt までも「論争のための論争を中止し、共通点を発見した上で、マーケティングのための創造的知識を提示すべき時である」と主張していた[2]。

実際、マーケティング科学論争の根本目的は、マーケティングを学問的により精緻化しながらより高度な知識を創造することであった。しかし、論争が広がるにつれ、このような論争の根本目的すら忘れられてしまった。

したがって、本章では、Hunt の主張と同じく「マーケティングが創造的知識を生み出すために何をすべきなのか」を、両者の相互共通点をベースに提示するつもりである。そのため、論争の中心にある科学的実在主義（Scientific Realism）と批判的相対主義（Critical Relativism）の重要論点を第 3 節で整理する。重要論点を整理することによって初めて両者の共通点が把握でき、またそれをベースに新しいマーケティング研究方向が提示できるからである。

ただ、第 2 節では実証主義と相対主義の発展過程を簡単に振り返ってみ

2　Hunt（1990, p.13）。

る。この部分に関しては他の章でも深く検討しているので、この節では科学的実在主義と批判的相対主義の論点を理解するための最小限の説明に留める。

第2節　実証主義と相対主義の発展過程

相対主義をめぐる論争は、古代ギリシア時代までさかのぼっていく。SocratesとProtagorasに代表されたこの論争は、現代まで形をすこしずつ変えながら続けられている。この中で、1900年代以降の相対主義と実証主義の発展過程を簡単に振り返ってみよう。

20世紀全般を支配してきた科学観は、実証主義であった[3]。実証主義的科学観は、20世紀はじめに台頭した論理実証主義（Logical Positivism）から始まった。論理実証主義は、経験的に検証可能な知識だけを科学的研究とみとめ、厳密な科学的方法を通じて検証可能な知識を発見しようとしたのである。

しかし、論理実証主義は「帰納の問題（problem of induction）」をもっていた。帰納の問題とは、どれだけたくさんの経験的結果を蓄積しても、科学的陳述の普遍的真実性を検証することはできないということであった。なぜなら、有限の観察結果によって無限の真理をひきだすのは自己矛盾であるからである。

論理経験主義（Logical Empiricism）は「検証（verification）」の概念を「確証（confirmation）」の概念に取り替えることによってこの問題点を乗り越えようとしたが、やはり帰納の問題をもっていたのである。

このような問題点を克服するために提示されたのが、Popperの反証主義（Falsificationism）であった。反証主義とは、演繹的推論によって導き出さ

---

[3] Hunt（1991, p.32）。

れた理論を反証を通じて検証することによって普遍的真理を発見しようとした理論であった[4]。

反証主義以降も様々な形の実証主義理論が登場したが、共通するのはまず研究対象としての事実（reality）が客観的に存在していることを仮定していることである。また、観察やテスト、実験などの厳密な科学的方法を通じて普遍的な真理（truth）を発見しうると仮定していた[5]。

しかし、このような伝統的科学観は、1962年に出版されたKuhnの『科学革命の構造（The Structure of Scientific Revolutions）』によってまさに革命的な挑戦を受けた[6]。

Kuhnの中心概念は、パラダイム（paradigm）であった[7]。パラダイムというのは「特定の科学者集団（a scientific community）が採用している一般的な理論前提や法則、そして、これを応用するためのテクニック」をいう。このパラダイムは、科学者集団の世界観を形成しているので、他のパラダイムを追求している科学者集団を合理的な理由や実験などによって説得することは、不可能に近い。パラダイム間の共約不可能性（incommensurability）と呼ばれるこのような特徴があるため、パラダイム間の変換（paradigm shift）が行われることは、非常に稀である。改宗のような革命的な変化のみによって、パラダイムの変換が発生するのである。

また、パラダイムの変換は、ある意味では進歩というけれども、真理にかならず接近するという保証はない。というのは、真理の普遍的基準は科学者集団の価値観や社会的、文化的背景とも関わっているので、科学者集団の合意が真理の重要な判断基準になるからである。

4　検証と確証との差異、反証主義の研究方法等に対する明確な説明についてはAnderson（1983）の論文を参照してほしい。
5　このため、実証主義は「演繹的に導き出された仮説を経験的資料を通じて検証する定型的な研究方法」を固守してきた。実証主義の仮定や研究方法などについてはHudson and Ozanne（1988）やMurray and Ozanne（1991）を参照してほしい。
6　Kuhnの科学革命論の内容や意義、実証主義との対立などについては『新版　科学論の展開』の第8章と9章を参照してほしい。
7　Kuhn（1970, 1977）。

このような相対主義的科学観は以来、Laudan、Feyerabend、認知的社会学者（Cognitive Sociologist）、解釈論者（Interpretivist）などによって継承発展したが、共通するのは科学的真理と知識は相対的であり、知識間の客観的な相互評価は不可能であると仮定している点である[8]。

第3節　科学的実在主義と批判的相対主義の争点

相対主義と実証主義との論争の中でもっとも中心的な位置を占めているのが、批判的相対主義と科学的実在主義である。両理論間の論争の中心には、事実（reality）に関する認識の差と真理（truth）に関する認識の差が存在している[9]。以下では、その差をより具体的に検討してみる。

1．事実に対する見解

1-1．科学的実在主義の観点

Huntによると、事実に関する科学的実在主義の認識は、次のようなものである[10]。

8　Huntは相対主義を3つのタイプで分けている。i) 概念的相対主義：Kuhnによって提唱された初期の相対主義的観点として、科学的知識は概念の枠組み（パラダイム）に相対的であるという観点である。ii) 存在論的相対主義：解釈論的相対主義ともよばれるタイプで、科学にとって事実というのは言語（集団、階層、文化等）に相対的であるという観点である。iii) 批判的相対主義：科学にとって目標や価値は研究パラダイムや研究伝統に相対的であるという観点である。また、三つの観点は真理の相対性とともに、競合する概念／事実／目標にわたって相互客観的評価は不可能であると主張している。Hunt（1990, pp.2-4）参照。

9　この他にも各主張の論理的一貫性や妥当性に対する論議も大きな論点である。批判的相対主義の場合、理論の共約不可能性と矛盾の主張が、科学的実在主義の場合、実証主義の誤謬（fallacy of realism）と理論の有用性（usefulness）が主要な問題点として指摘されている。

Ⅰ　マーケティングの科学論争

　命題 1：事実は、科学者の認識から独立して客観的に存在している。

　この命題は、事実（reality）が外部の世界として客観的に存在し、科学者はそれを研究対象としていることを示している。

　命題 2：科学の役目は、客観的に存在する事実に対して、たとえ確実ではなくても、純粋知識を発見することである。

　この命題は、研究対象である事実について、純粋知識を発見することが科学者の役目であることを示している。

　命題 3：あらゆる知識的主張は、それらが客観的事実を真に表現したり、対応したりしているのか否かを決めるために、批判的に評価されなければならない。

　この命題は、科学者が純粋知識を発見するためには、まず知識的主張をしなければならないし、次にはそれが客観的な事実とマッチングするのかを批判的に評価しなければならないことを示している。これらの過程が科学的評価の検討過程となり、これらの過程を通過した知識的主張だけが純粋知識になるのである。

　結局、科学的実在主義は、客観的に存在している事実を科学的研究方法を通じて発見可能だと見ている[11]。以上を図で表示すると図表 1 になる。

　Hunt によると、第一の命題を古典的実在主義的観点（classical realism）、

10　Hunt（1990, p.9）。
11　本章での研究方法というのは「科学的研究を遂行する全過程」を意味するのである。科学的研究方法には、研究技法（research method）だけでなく、研究目標や仮定、研究設計等が含まれている。一般的に、科学論争では後者をより重視している。というのは、研究技法は研究目標を達成するための手段に過ぎないので研究目標や仮定が変われば研究技法も変わるからである（Hudson and Ozanne　1988, p.518）。

第二の命題を誤謬可能的実在主義的観点（fallibility realism）、第三の命題を批判的実在主義的観点（critical realism）と名づけている[12]。

図表1　事実に対する科学的実在主義の観点

独立に存在する事実：研究対象
‖
純粋知識：研究目的および研究結果
‖
知識的主張　——　科学的な評価と検討：研究方法

1-2. 批判的相対主義の観点

これに対して、批判的相対主義は、事実そのものを分析対象として認めない。というのは、外部世界としての事実はいつも研究者によって選択され、解釈されるので、研究者の認識から完全に独立した事実は存在していないからである[13]。

科学者の認識は科学者の世界観や研究パラダイム、言語、解釈など様々な要因によって影響されている。科学者はこのような要因によって、いわば「囲まれている（encapsulated）」ので客観的な認識は不可能である。結局、科学者は認知された事実だけを認識するのみで「認識された事実」と「解釈されていない事実」とは違うのである（図表2参照）。

図表2　事実に対する批判的相対主義の観点

解釈されていない事実（客観的な外部世界）：研究対象から除外
‖
科学者の世界観
研究パラダイム
事実に関する認識的解釈
‖
認識された（解釈された）事実

12　Hunt（1990, pp.8-9）。
13　Peter（1992, p.74）。

研究でよく使う経験的データも、厳密な意味では事実そのものではない[14]。経験的データも標本抽出や測定などを通じて研究者によって選択されるからである。研究者がいくら注意を払っても標本抽出や測定などで何らかの判断をしなければならないし、その過程で研究者の主観的解釈が入る余地がある。

　また、データは理論負荷的（theory-laden）である。理論によってデータが選択されたり、解釈されたりする可能性がある。そのデータが理論によって影響を受ける限り、データによって事実が理論と一致するか否かを判断するのも矛盾である。

　一方、科学者達が解釈された事実に対して同じ信念をもつとき、同意（consensus）が形成される。しかし、科学者達が同じ事実を別々に解釈する可能性も高いので、さまざまな「解釈された事実」が存在しうるのである。このような現象を Peter and Olson は「科学は多くの事実を創造する（science creates many realities）」と述べた[15]。結局、事実とは批判的相対主義者にとっては主観的要素をもっているのである。

1-3. 論争の焦点

　事実に関する批判的相対主義と科学的実在主義との論争は、事実が研究者から客観的で独立的であるか、あるいは主観的で相対的であるかという点である。

　批判的相対主義は、あらゆる事実が研究者によって認識され解釈されるので、研究者から独立した事実は存在しえないし（created and constructed reality）、その解釈もいつも理論負荷的であると主張している[16]。

　しかし、科学的実在主義者は、研究者の認識が間違っている場合もあるけれども、それを減らすための努力によって充分に客観的な事実を発見しうる

14　Peter（1992, p.75）。
15　Peter and Olson（1983, p.119）。
16　Peter（1992, p.75）。

第 2 章　科学的実在主義と批判的相対主義の論争

と主張している[17][18]。

　また、文字や言語が成立する以前にも外部世界は存在してきたし、理論が不在であっても客観的認識が可能であると主張している[19]。

　ただ、客観的事実の発見において「確実な根拠主義（foundationalism）」は拒否している。あらゆる科学的知識が客観的事実と常に正確に対応しうるものではないし、科学的知識や発見が間違っている場合もあるのを認めている。しかし、「間違いうる」が「いつも間違い」を意味してはいないと主張している[20]。

2．真理（truth）に対する見解

2-1．科学的実在主義の観点

　科学的実在主義は、真理の普遍的存在を認定し、真理の客観的発見が可能であると主張している。ただ、科学的実在主義は既存の実証主義が命題として立てている「絶対的真理観」ではなく、「蓋然的真理観」を主張している[21]。

　すなわち、科学的理論が長期間、事実を説明し、予測し、実践的問題に対して解決策を提示してそれが成功をおさめた場合、その理論が仮定している実体や構造のようなものが存在する（something like-exists）と主張してい

17　Hunt（1992, pp.96-99）。
18　まず、科学的認識の誤診可能性が、科学的実在主義と既存の実在主義との最も大きな差異点である。以前の実在主義は、認識と事実との完全な一致、誤診なしの認識を主張しているが、科学的実在主義は、科学者の認識が間違いの場合もあるし、特定の認識が事実に一層近い場合もあると主張している（Hunt 1990, p.9）。
　　但し、Hunt は、認識や測定の誤診可能性は次のような三つの側面からの改善努力によって減らすことができると主張している。i）収集データが特定の説明理論から影響を受けてはならないこと、ii）測定方法も説明理論から影響を受けてはならないこと、iii）認識過程や方法が研究者から影響を受けてはならないこと（Hunt 1992, p.99）。
19　Hunt（1992, p.96）。
20　Hunt（1992, p.93）。
21　Hunt（1990, p.9）。

るのである。

2-2. 批判的相対主義の観点

これに対して批判的相対主義は、真理を主観的概念としてみなしている[22]。真理は、研究者の認識から完全に独立できないし、理論のフレームワークの中だけに意味をもつ。したがって真理は、研究者が特定の主張に対してもっている信念にすぎないし、理論によって推論された主観的評価にすぎないのである（Truth is a subjective evaluation）と主張している。

真理を発見するための唯一の方法も存在しないし、真理と非真理を区別するための普遍的基準も存在しないと見ている。理想にすぎない「絶対的真理観（Science 1 ）」を放棄し、社会的同意と認定に基づいた「相対的真理観（Science 2 ）」を採択すべきだと主張している[23]。

2-3. 論争の焦点

真理に関する論争の焦点は、真理が存在するのか、真理を客観的に発見しうるのかという点である。

批判的相対主義は、ふたつの理由で、「絶対的真理」の存在可能性を否定している。

第一は、客観的事実に対する人間の認識や感覚の主観性である。先に見たように人間の認識や感覚は主観的であるし、世界観やパラダイムなどによって影響を受けざるを得ない。また、その評価も「理論の文脈内（within the context of the theory）」でだけ可能であるから、だれでも合意可能な普遍的真理の発見は、実現不可能であると見ている[24]。

第二は、真理は発見しうる唯一の方法もないし、客観的な評価基準もない。また、それを発見するための人類の今までの努力もどんな成果ももたら

22　Peter and Olson（1983, pp.120-121）。
23　Anderson（1993, p.26）。
24　Peter（1992, p.76）。

さなかったのである。したがって、絶対的真理観を放棄し、相対的真理を受け入れなければならないと主張している[25]。

これに対して科学的実在主義は、「絶対的真理（TRUTH）と限定的真理（truth）」を分けることによって相対主義の間違いを指摘している[26]。

「絶対的真理」というのは、唯一の真理（the one and the only truth）が存在するだけでなく、真理が確実に分かる（I know with certainty this is truth）という判断的思考である。これに対し、「限定的真理」というのは、これが真であり、正確である（this is truth）という一般的陳述である[27]。相対主義はこれを分けないで、絶対的真理だけを追求し、それを発見しえないと真理を放棄してしまったニヒリズムにすぎないと主張している。

第4節　マーケティング研究への示唆

マーケティングの科学性と真理をめぐる相対主義と実証主義との論争は、激しく対立していた。各主張は、自分なりの論理的一貫性と合理的根拠をもっているので、なんとなく合意に達しうるものではない[28]。しかし、論議の進展によって、いくつかの論点では共通の視覚をもっているため、それに基づいて新しい知識を創造することも可能である。

これからは、マーケティング科学論争が残した意味を振り返りながら、マーケティング研究を新たに考えなければならない。科学論争がマーケティング研究に残した示唆点は、次の通りである。

25　Anderson（1983, p.26）。
26　Hunt（1992, pp.99-100）。
27　「これが真である」と「これが確実である」との判断の間で大きな差がある。というのは、真は客観的、論理的推論だけでも分かるが、確実さは絶対的判断（Huntの場合God's eye）と不可謬（infallible foundation）が必要だからである。
28　Hudson and Ozanne（1988, p.518）。

Ⅰ　マーケティングの科学論争

第一　理論創造力の強化

　マーケティング学界では、いまなお実証主義科学観が主流をなしている。しかし、相対主義の台頭は、既存の研究慣行をもう一度省みるきっかけとなっている[29]。

　相対主義台頭の最大の理由のひとつには、仮説検証だけに偏ってきた今までのマーケティング研究風土に対する反省があった。経験的検証に対する実証主義の過信は、新しい知識の創造を害した[30] [31]。また、マーケティング教育も検証方法論だけに集中され、相互矛盾的な成果も科学的研究方法という理由だけで正当化された。その結果、多くの経験的検証結果ばかり生み出して、学問的な意味をもつと同時に社会的に有益な創造的知識の開発が阻止されたのである[32]。

　これに対し、相対主義は、マーケティング研究者により多くの自由を与えてくれた[33]。特定の研究方法に縛られずにいろいろな方法を使って研究ができるようにしてくれた。また、研究の対象も理論の検証より新しい理論の開発に重点を置くようになった。その結果、相対主義は急速にマーケティング研究者の間に広がっていった。

　科学的実在主義も、最近、このような指摘に対する反省で、新しい理論の創造のために「ヒューリスティックバリュー（heuristic value）」をもつ研究の必要性を強調している[34]。

　今後、マーケティングの研究において理論の経験的検証だけでなく、新しい知識や理論の創造により大きな努力を傾けなければならない。

29　このような意味で、既存の実証主義的科学観に対する相対主義の挑戦は「危機的文献への挑戦（crisis literature challenges）」とも呼ばれている。
30　Peter（1992, p.73）。
31　この意味で、相対主義は、実証主義が保守的であり現状維持的（status-quo）であると非難した。
32　Peter and Olson（1983, p.122）。
33　Peter and Olson（1983）。
34　Hunt（1992, p.100）。

第2章　科学的実在主義と批判的相対主義の論争

第二　社会的に有益な知識の創造

　相対主義と実証主義との論争の出発点は、真理の存在有無であった。しかし、論争が進みながら真理の概念も新しく定義されている。

　科学的実在主義は、誤診可能実証主義を受け入れて、真理の蓋然性を認めている。科学を支配する唯一の真理や理論を拒否し、蓋然的真理や多様な理論を受け入れている[35]。たとえ相対主義的科学観でなくても、科学が社会的産物であり、社会的に共有された知識であるかぎり、社会的に有益な知識を開発しなければならないと見ている[36]。

　このような意味で、マーケティングの研究方向も再構築されなけらばならない。

　今までのマーケティング研究は、社会や消費者よりも企業や実務者のための知識を生み出すことに研究の重点を置いてきた[37]。しかし、実務のための学問ではなく、学問のための学問でもなく、社会のための学問へ研究の方向が再構築されなければならない。

　このためには、まず、マーケティング現象そのものに対する研究が先行されなければならない。特定集団の観点からマーケティングを研究するよりも、マーケティングの一般現象そのものを説明する研究が先行されなければならない。

　次に、一般理論に基づいて実際問題を解決するための問題解決中心の実用的研究を行うべきである。Andersonはこのような研究方向を「一般理論による実用研究（theory-driven programmatic research）」と呼んでいる[38]。そ

35　Hunt（1992, p.93）。
36　Huntは、マーケティング知識が社会的に共有されたもの（shared form）であることを認めながら、信頼や倫理がマーケティング理論と研究で本質的な要素であると主張している（Hunt 1990, p.12）。
37　このような意味でTuckerは、漁夫の立場から魚を研究するより海洋生物学者の立場から魚を研究しなければならないと主張しながら、マーケティング研究も消費者により多くの物を売り渡すためでなく、真に消費者のために研究すべきであると主張している。

の結果、一般理論と実用研究が並行された時、マーケティングは社会全般に幅広く受け入れられるだろう。

第三　多様な研究方法の活用

　批判的相対主義も科学的実在主義も、絶対的真理を拒否するとともに真理を発見するための唯一の方法の存在も拒否している[39]。

　まず、批判的相対主義は、唯一の研究方法が存在していないことを主張している。唯一の研究方法も存在しないで、科学と非科学とを区別する基準も時間的、空間的に変わっていく。したがって重要なのは、科学者集団を確信させうる方法[40]や科学の発展に貢献しうる方法[41]であると見ている。

　同じように、科学的実在主義も、真理を追究するための多様な方法を認めている。科学的実在主義は、真理を追究するかぎり、あらゆる過程や技法についても開放的であると主張している[42]。

　マーケティング現象は、複雑多岐である。そのため、真理を発見するための方法でも、科学者集団を確信させるための方法でも、多様な研究方法を活用すべきである。また、多様な研究方法を活用することによって、マーケティング理論の説明力を一層高めていく必要があるのである。

第四　批判的検討と統合化の必要性

　批判的相対主義の用語からも分かるように、相対主義は、あらゆる知識的主張に対して批判的である。人間の感覚や認識、事実に対する解釈などが個人的、集団的、社会的要素から影響を受けるかぎり、あらゆる知識は、これらの要素まで含んで批判的に検討されなければならないと見ている[43]。

38　Anderson（1983）。
39　Peter（1992, p.77）。
40　Anderson（1983, p.25）。
41　Peter and Olson（1983, p.121）。
42　Hunt（1990, p.13）。
43　Anderson（1986, pp.156-157）。

同じように、科学的実在主義もあらゆる知識に対する批判的検討を主張している。誤診可能実証主義の立場から、どのような知識的主張も間違う可能性をもっていると見ている。その結果、各主張と事実との一致、認識や測定の誤診可能性などをいつも批判的に検討しなければならないと科学的実在主義は主張している[44]。

両理論とも批判的検討を主張しているため、マーケティング理論や研究方法などを批判的に検討する必要がある。この作業が継続的に行われるとマーケティング知識の正当性はより一層高まっていく。

また、批判的検討とともに既存知識の統合化努力も必要である。

今まで、数多くの研究結果が発表されたが、各結果は分散され、断絶されている[45]。たとえひとつの統一理論はなくても、既存の研究結果を批判的に検討したうえで、これらを統合化しようとする努力が切実に求められている[46]。

個別研究とともに、これらを統合しようとする研究が並行して行われる時、マーケティングの科学化はより一層進んでいくはずである。

第5節　むすび

マーケティング科学論争は、マーケティングの学問的性格に関する論争から始まり、科学哲学にまで発展してきた。科学哲学の論争では、長い間、マーケティング研究を支配してきた実証主義（Positivism）に対して相対主義（Relativism）が提示され、その論争は一層激しくなった。特に相対主義は、多くのマーケティング研究者から支持を得て、一挙に強力な対抗勢力になった。

44　Hunt（1992, pp.97-99）。
45　Jacoby（1978）、Anderson（1983）。
46　Peter and Olson（1983, p.123）。

Ⅰ　マーケティングの科学論争

　しかし、激しい論争が繰り広げられている間、論争の核心争点も継続的に変わってきた。また、その間、実証主義にも相対主義にもその内部に様々な分派が発生し、その主張の正確な内容まで把握するのがますます困難になった。その結果、論争の争点が不明確になっただけでなく、場合によっては論争のための論争にまで発展した。

　そのため、今回の論争の中心人物である Hunt までも「論争のための論争を中止し、共通点を発見した上で、マーケティングのための創造的知識を提示すべき時である」と主張していた[47]。

　実際、マーケティング科学論争の根本目的は、マーケティングを学問的により精緻化しながらより高度な知識を創造することであった。しかし、論争が広がるにつれ、このような論争の根本目的すら忘れられてしまった。

　したがって、本章では、論争の中心にある科学的実在主義(Scientific Realism) と批判的相対主義（Critical Relativism）の重要論点を整理した上で、両者の共通点を中心に新しいマーケティングの研究方向を提示した。そのポイントは以下の通りである。

　第一、理論の検証だけでなく新しい理論の開発にも重点を置くこと。
　第二、社会的に有益な知識を創造すること。
　第三、特定の研究方法だけでなく多様な研究方法を活用すること。
　第四、マーケティング理論や研究方法などを批判的に検討することとともにそれらを統合すること。

　マーケティング科学論争において各主張は、自分なりの論理的一貫性と合理的根拠をもっているため、完全合意に達するのは不可能に近い。しかし、論争の途中でも互いの相違や共通点などを確認しながらマーケティングへの示唆点を発見していく必要がある。本章はそのひとつの試みである。

47　Hunt（1990, p.13）。

参考文献

Anderson, Paul F. (1983), "Marketing, Scientific Progress, and Scientific Method," *Journal of Marketing*, 47 (Fall), 18–31.

Anderson, Paul F. (1986), "On Method in Consumer Research: A Critical Relativist Perspective," *Journal of Consumer Research*, 13 (September), 155–173.

Anderson, Paul F. (1988), "Relative to What– That is the Question: A Reply to Siegal," *Journal of Consumer Research*, 15 (June), 133–137.

Chalmers, Alan F. (1976), *What is This Thing Called Science?*, Hackett Publishing Company (高田紀代志, 佐野正博訳 『科学論の展開』恒星社厚生閣, 1985年).

堀田一善編著 (1991), 『マーケティング研究の方法論』中央経済社.

Hunt, Shelby D. (1990), "Truth in Marketing Theory and Research," *Journal of Marketing*, 54 (July), 1–15.

Hunt, Shelby D. (1991), "Positivism and Paradigm Dominance in Consumer Research," *Journal of Consumer Research*, 18 (June), 32–44.

Hunt, Shelby D. (1992), "For Reason and Realism in Marketing," *Journal of Marketing*, 56 (April), 89–102.

石井淳蔵 (2004), 『マーケティングの神話』岩波書店.

Jacoby, Jacob (1978), "Consumer Research: A State of the Art Review," *Journal of Marketing*, 42 (April), 87–96.

Kuhn, Thomas S. (1970), *The Structure of Scientific Revolutions*, Chicago: 2nd ed., University of Chicago Press.

Kuhn, Thomas S. (1977), *The Essential Tension*, Chicago: The University of Chicago Press.

Mudson, Laurel Anderson, and Julie L. Ozanne (1988), "Alternative Ways of Seeking Knowledge in Consumer Research," *Journal of Consumer Research*, 14 (March), 508–52.1

Murray, Jeff B., and Julie L. Ozanne (1991), "The Critical Imagination: Emanicipatory Interests in Consumer Research," *Journal of Consumer Research*, 18 (September), 129–144.

Peter, J. Paul (1992), "Realism or Relativism for Marketing Theory and Research: A Comment on Hunt's Scientific Realism", *Journal of Marketing*, 56 (April), 72–79.

I マーケティングの科学論争

Peter, J. Paul and Jerry Olson (1983), "Is Science Marketing?" *Journal of Marketing*, 47 (Fall), 111-25.
Popper, Karl (1962), *Conjectures and Refutations*, New York : Harper & Row.
Popper, Karl (1972), *Objective Knowledge*, Oxford, UK, The Charendon Press.
Siegel, Harvey (1988), "Relativism for Consumer Research? (Comments on Anderson)," *Journal of Consumer Research*, 15 (June), 129-132.
Tucker, W. T. (1974), "Future Directions in Marketing Theory," *Journal of Marketing*, 38 (April), 30-35.

第3章 解釈主義アプローチ

第1節 はじめに

　解釈主義アプローチは、主に1980年代の前半よりマーケティング研究の中でみられるようになったが、その短い歴史を辿ってみると、80年代における哲学論争[1]および各種の研究アプローチの紹介[2]の時代を経て、90年代以降は、具体的な現象にそのアプローチを適用して研究を行う実践の時代に入ったということができよう。

　本章では、解釈主義アプローチの特徴を、実証主義と比較しながら概観し、解釈主義アプローチの中で特に解釈学的アプローチに焦点を絞り概説していく。

第2節 解釈主義と実証主義

　1981年、Levy が構造主義的アプローチを Journal of Consumer Behavior に紹介したことがひとつのきっかけとなり、マーケティング研究の中に解釈主義アプローチ（interpretive approach）を採用した研究がみられるようになった。その後、この解釈主義アプローチは、構造主義的アプローチを含むさ

1　Anderson（1983, 1986）、Peter and Olson（1983）、Hunt（1983）、Muncy and Fisk（1987）。
2　Levy（1981）、Hirschman（1986）、Mick（1986）、Belk, Sherry and Wallendorf（1988）、Thompson, Locander and Pollio（1989）、Stern（1989）。

まざまな研究アプローチと結びつきながら、消費者行動研究におけるひとつの流れをつくった。人文主義的（humanistic）アプローチ[3]、記号論的アプローチ[4]、自然主義的（naturalistic）アプローチ[5]、実存現象学的（existential-phenomenology）アプローチ[6]などが解釈主義アプローチを採用した代表的研究例である。それぞれのアプローチは、細部の考え方こそ異なっているが、いずれも消費の意味を解釈することで消費行動を理解しようとする点では一致している。

　本節では、まず、解釈主義アプローチの意義を考察することから始める。解釈主義アプローチが依拠している哲学観は、それまでマーケティング研究を支配していた実証主義あるいは論理経験主義、反証主義といったその展開的思想[7]とは異なる。それは、主観主義、現象学、象徴的相互作用論、構造主義、記号論、解釈学などと同様、相対主義的哲学観に基づいている。そこで、まず、このふたつの哲学観をそれぞれ実証主義、解釈主義とした上で、両者を比較・考察し、なぜ解釈主義アプローチが改めて提唱されることになったか、その背景を考えることにする。なお、実証主義と解釈主義は、既述の通り、その内部あるいは展開としていくつかの哲学観をもっているが、ここでは、両者が完全に共約不可能であるというHudson and Ozanne（1988）の認識に従い、両者の相違を浮かび上がらせることを重視し、それぞれの哲学観内・周辺の違いには踏み込まないこととする。

1．存在論的仮定

　実証主義では、人の認識とは別個に、ひとつの客観的現実が存在すると考

3　Hirschman（1986）。
4　Mick（1986）。
5　Belk, Sherry and Wallendorf（1988）。
6　Thompson, Locander and Pollio（1989）。
7　Hudson and Ozanne（1988）。

える。その考えは社会に対しても適用され、社会は具体的で不変の構造とみなされる。現実は、その構成要素から成る構造体であり、したがって、それは要素に分割して把握することができると考える。結果として、世界の厳密で正確な測定や観察が可能であるという立場に立つのが実証主義である。この哲学観に基づくと、人間行動を研究する場合、その構成要素は、自然の複雑なコンテクストから抜き出せることになり、当面の研究にとって不必要な要素を排除することで、純粋な要素間関係をみることができる。実験室実験がその典型であるが、消費者行動研究でも多用されるアンケート調査も、消費者がコンテクストの外に置かれているという意味で同様の前提に立っているといえる。また、実証主義では、人間行動を決定論的に扱う。刺激−反応モデルをその代表例としてあげることができるが、消費者の認知に関しても、信念、態度、意図が行動の決定因として扱われる「合理的情報処理人」[8]を仮定しているということができる。

　一方、解釈主義は、現実が本質的に心理的に認識されるものと考えるため、ひとつの世界が存在することを否定する。人は、理論、フレームワーク、カテゴリーなどを通じて世界を認識し、構成すると考えるのである。異なる人が存在し、また異なる世界が構成されるため、複数の現実が存在し、またそれは変化し続けると考える。そして、解釈主義は世界を部分の総計ではなく、ホリスティックにみる。また、世界を構成要素に分解してその普遍的な要素間関係をみるという考え方は否定され、人はコンテクストの中で個々の行動を意味づけるために、そのコンテクストを理解することを重視する。必然的に、自然の複雑なコンテクストから構成要素を抜き出す研究方法は認められず、参与観察法に代表されるライブ感覚が不可欠であると考えられている。また、認知理論における合理的情報処理人に対して、解釈主義アプローチでは、人間の自発的性格を重視する。人は、外部の情報を処理するだけでなく、その外部情報を含んだ環境・世界を構成するために積極的に行

8　Anderson（1986）。

Ⅰ　マーケティングの科学論争

動し相互作用を行うととらえるのである。

2．認識論的仮定

　実証主義者は、時間的空間的規定を超えた普遍的、抽象的法則を明らかにすることを試みる。そして、その普遍的な法則に基づき、現象を説明・予測することが研究の最終目的となる。説明においては、その対象となる現象の変数のシステマティックな関係が明らかにされ、予測原因変数を投入することにより、結果が予測できると考えるのである。

　それに対し、解釈主義は、歴史的特殊的アプローチをとる。それは、あくまでも特定の時間、空間における現象を理解することをめざし、普遍化は試みず、また法則を追究することもない。そこでは、あくまでも理解することが目的となり、説明や予測の考え方は捨てられる。解釈主義の考え方において理解するということは、あくまでもプロセスであり、最終結果とはみなさない。したがって、ある時点で示される理解は、永続的変化の中においてあくまでも暫定的なもので、理解は常に不完全なものとして位置づけられる。そして、重要なことは、その時点で理解したことは、その理解自体が現象の一部として次の時点で理解することに影響を与える点である。すなわち、解釈主義アプローチはダイナミックで、研究それ自体を含むホリスティックな視点を提示するのである。

　具体的な研究を考えるに当たり、両者の違いは重要である。特定の現象理解に主眼を置く解釈アプローチの考え方は、Geertz（1973）流に表現するなら、特定現象の中での一般化となる。そして、その理解は、実証主義のように変数を抽出してその関係を調べるという手法を取らず、あくまでもホリスティックに現象をとらえていくため、ひとつの因果関係を明らかにするというよりも、複雑な現象の意味を解きほぐし、厚く記述[9]することに力点が置

9　Geertz（1973）。

かれる。それは、ひとつの行動の原因を平均的な動機に求めるのではなく、その行動を全体のコンテクストから意味づけていくことを考えるのである。そして、その意味づけは閉じたものにせず、意味の多義性、流動性を認め、記述していく。

たとえば、男が女の頬を殴っている場面を想定してみよう。その行為の意味は、まずどのような状況でそれが行われているかが注意深く観察され、また、それは男にとって、そして女にとってどのような意味をもつか、あるいは傍観者は何を感じ、女の親は何を思うか、といったことを記述することが重要であると考えるのである。そこでは、他の研究で提示された概念を用いて解釈が加えられ、必要に応じて新しい概念が追加、創出される。しかし、それはあくまでもその現象を理解することにとどまり、そこで新しい概念を提示したとしても、それを一般化しようなどとは考えないのである。ただし、この特定現象の中での一般化という考え方は、その概念を他の現象に利用できないことを意味するわけではない。類似した現象の解釈に既存の概念を利用することは、一般に行われていることである。しかし、それもあくまでもその現象の中で利用され、そこでとりあえず終わるのであり、一般化を目指すものではないことに注意すべきである。

実証主義と解釈主義の間には、研究者と研究対象の関係に関しても違いがみられる。実証主義者は、両者を完全に別個としてとらえ、研究者は研究対象に影響を与えないと考える。研究者は、その対象の外側に立つことができ、そして、まさにそのことにより正当な知識の前提となる客観性が維持されると考えるのである。一方、解釈主義者は、両者の分離を認めない。研究者は、外側からその現象を解釈するのではなく、現象とのインタラクションを通じて理解を試みる。このインタラクションにより、自らを現象の中に投げ込み、その現象の一部としての位置を確認しながら永続的解釈プロセスに没頭することになるのである。

これまで比較・考察してきた実証主義と解釈主義の哲学観には、それぞれ展開バリエーションがあることは既に述べた。ここではそのバリエーション

に触れることはなかったが、その中には両者の境界を曖昧にするような主張も含まれている。たとえば石井（1993）は、Anderson（1983, 1986）の批判的相対主義を「が、しかし、だからといって批判的相対主義は Hunt（1983）によって示唆されるように経験的検証を避けようとするものではない」という発言から、「最も先進的な実証主義哲学である批判的合理主義ともなると、一方で公理演繹に基づいた創造的な理論構築と、他方における反証プロセスを強調しており、その意味で言えば、批判的相対主義者の主張と違いを見つけるのは一層難しいものとなる」と主張している。また、批判的相対主義と解釈主義は、ともに相対主義的哲学観に基づいてはいるものの、後者が発見の文脈と正当化の文脈を分けることができないと考えることから、両者の間には明確な一線が引かれているとしている。Hudson and Ozanne（1988）にしても、実証主義と相対主義は完全に共約不可能であるとしながらも、それらは並存しうるし、その中間的な立場もありうることを認めている。

　しかし、ここでわれわれの関心事である解釈主義アプローチの意義の問題に立ち返ると、その背景となっている哲学観の微妙な違いよりも、具体的な研究の現れ方が重要となる。既にこれまでの考察で明らかなように、解釈アプローチがひとつの流れをつくるに至ったのは、その特殊性、あるいは別の表現を使うならば場所（トポス）性という特性によるものである。すなわち、解釈主義アプローチは、時間・空間・主体に限定された場所における具体的な現象を研究対象とするのであり、その現象の理解を試みるのである。それも、現象は、複数の主体によって構成された多義性をその本質としており、したがって、必然的にその意味を「厚く記述」することが不可欠と考え、普遍的法則を追い求める実証主義の「薄い記述」とは異なる貢献を期待できることが、その重要な存在意義となっているのである。

第3節　解釈学的アプローチ

　本節では、前節で考察した解釈（interpretation）主義アプローチの中でも解釈学的（hermeneutics）アプローチ[10]を検討する。解釈学は、解釈を通じて理解（understanding）することに深く関わっている[11]。したがって、解釈学は、その研究方法に解釈を用いる、Levy（1981）の構造主義的アプローチ、Mick（1986）の記号論的アプローチ、Hirschman（1986）の人文主義的アプローチ、Belk, Sherry and Wallendorf（1988）の自然主義的アプローチ、Thompson, Locander and Pollio（1989）の実存現象学的アプローチなどとも強く関わっているとみることができる[12]。しかし、各アプローチを詳細に検討していくと、そこに相違点があることがわかる。そこで、本節では、この解釈学的アプローチを他の解釈主義アプローチと比較しながら検討することで、その特徴を明らかにしていくことにする。

1．理解の言語性

　解釈学的アプローチでは、言語の果たす役割がきわめて大きい。それは、人が理解を試みる対象を、理解する際の普遍的メディアとみなす[13]。われわれの経験は、言語を通じてコミュニケーションされ、解釈、理解される。したがって、われわれが理解する存在（being）は言語[14]に他ならないのであるが、このことは同時に言語の外に世界が存在しないことを示すわけではないことに注意しなくてはならない。解釈学的アプローチは主観‒客観を超える

10　Arnold and Fischer（1994）。
11　Bernstein（1983）, Gadamer（1960）。
12　Arnold and Fischer（1994）。
13　Gadamer（1960）。
14　Gadamer（1960）。

立場として成立しているとみなされるのは、この意味においてである。すなわち、人は言語を通じて世界を理解するわけだが、それは理解の外に世界が存在することを否定するものではなく、むしろ理解は常に部分的であり包括的ではないことが主張されている。この部分的理解こそが主観-客観を橋渡しする役割を担っている。

この理解の言語性は、他のアプローチ、特に言語や記号をベースにした記号論[15]や構造主義的アプローチ[16]にも共通してみられる。しかし、実存現象学[17]、自然主義[18]あるいは人文主義的アプローチ[19]では論じられていない。

2．先-了解

解釈を考察する際、必ず触れなくてはならない重要な概念のひとつとして、先-了解（[pre-] understanding）がある。先-了解の存在は、われわれがある現象を解釈しようとするとき、それ以前の経験から得た理解・知識・フレームワークの影響から逃れることができないことを意味している。われわれは、世界を構成、解釈しながら生活しているのであり、そのひとつひとつの解釈は、次の解釈に影響を与え、その新たな解釈もその次の解釈に影響を与えるという永続プロセスに組み込まれている。したがって、われわれが新たな解釈を行うときは、それ以前の経験の蓄積に基づいているわけで、ゼロからの解釈というのはありえないのである。

この主張は、そもそも理解が言語を通じて得られるという先の考察からも明らかである。言語は世界を切り取ることで生まれるが、その分節が永続することは保証されていない。われわれは、言語を通じてさまざまな経験を積

15　Mick（1986）。
16　Levy（1981）。
17　Thompson, Locander and Pollio（1989）。
18　Belk, Sherry and Wallendorf（1988）。
19　Hirschman（1986）。

みながら、新たな言語を産み出し、また既存の言語の意味を変化させていく。したがって、言語を通じて理解を試みるとは、その言語が誕生してから利用する瞬間までの歴史をすべて引きうけた上で新たなステップを踏み出すことを意味する。この事実は、新たに試みられる解釈が、具体的なフレームワークや知識に基づくか否かにかかわらず、言語を通じて思考する人間にとって宿命的なものであり、われわれは先–了解から永遠に解放されえないことを示している。

　Gadamer（1960）は、先–了解の代わりに先行見（prejudice）という用語を用い、それは解釈の制約となるどころか、世界に開かれている窓として位置づけた。この先行見がなければ、われわれが観察したり理解を試みる対象をとらえることができないと考えたのである。過去から運ばれ、歴史的影響要因として働く先行見は、われわれがさまざまな対象を解釈する際に、その有効性が常にテストされることになる。モノ、出来事、言葉、行為といった解釈対象が、先行見によって解釈できれば何も生じないが、逆に何らかの矛盾、困惑を感じたならば、先行見に疑惑が向けられることになる。そこでは、解釈者と対象の対話が繰り返し行われ、先行見に修正が加えられることで、新しい理解の可能性が開けるのである。

　Geertz（1973）も先–了解のひとつである既存の概念を積極的に利用することを提唱している。その概念は、人類学に限らず歴史、経済学、政治学、社会学などに広く求められる。具体的には、権力、変化、信仰、抑圧、労働、情熱、権威、美、暴力、愛、威信、近代化、合法性、統合、葛藤、カリスマなどであり、これらの概念を人類学のコンテクストの中で再解釈することによりその研究対象を理解していくのである。したがって、Geertzにとって先–了解は、必要不可欠であり、それを駆使することで、複雑に入り組んだ意味の構造をときほぐし、対象のホリスティックな解釈を試みるために利用されるのである。

　実存現象学的アプローチ[20]においては、複数解釈の可能性は認め、中立的な立場で現象をみることは不可能であるという認識をもっているが、解釈の

際には極力色眼鏡で見ないよう先-了解、先入見は「カッコに入れる」ことが主張されている。また、自然主義的アプローチ[21]では、リサーチチーム、メンバーチェック、外部監査の必要性が提起される。これらも、研究が研究者の価値に影響されるという認識から、それをできるだけ取り除くために採用されるわけで、やはり先-了解排除の考え方が含まれている。

3. 対話コミュニティ

　先-了解は、言語を媒介に人々の間で共有され、そのことによって対話コミュニティ（dialogic community）が形成される。このコミュニティ観では、その参加者の行為が対話に基礎づけられている。ここで対話というのは、参加者が話すと同時に他の参加者の声を聞き、それを考慮に値するものとして受け入れることを意味している[22]。このような対話コミュニティは、その中で行われる対話を通じ、先-了解の確認を行うと同時に、その修正や新しい了解事項を創造する役割を果たしている。

　実存現象学的アプローチ[23]で重視されている解釈グループは、対話コミュニティの一種と考えていいだろう。同アプローチの主張では、グループによる解釈は、個々の解釈では得られない新しい視点を提供するという意味で優れており、グループ構成員間の対話によって産み出す解釈に力点を置いている。自然主義的アプローチや人文主義的アプローチの外部監査は、対話による監査という意味において対話コミュニティと似ているようだが、異なる主張としてとらえられる。この外部監査の考え方は、外部に対応する内部における参加者による解釈を、一種のデータに見立て、それを外部から監査できる客観的な情報とみなしている。この点は重要で、後に正当化プロセスの考

20　Thompson, Locander and Pollio (1989)。
21　Belk, Sherry and Wallendorf (1988)。
22　Bernstein (1983)、Gadamer (1960)。
23　Thompson, Locander and Pollio (1989)。

察で詳しく触れることになるが、解釈学的アプローチでは、解釈はあくまでもその解釈者の中から生まれ体験されなくてはならないわけで、その解釈者が複数いることがコミュニティの考え方であり、体験の外に解釈を判断する人をおくことはできないと考えるのである。

4．解釈学的循環

　解釈学的アプローチでは、解釈の対象をテクストのアナロジーとしてとらえるところに特徴がある。その解釈対象は、インタビューのトランスクリプト、ビデオ、写真、芸術など、テクスト以外にも広がっており、そのいずれもがテクストをアナロジーとして解釈されるのである。

　テクストの解釈は、解釈学的循環のプロセスを通じて行われる。解釈学では、解釈の対象となるテクストの全体の意味は、個々の要素により規定されているが、同時にその個々の要素は、テクスト全体を考察することで理解されると考える[24]。このテクスト全体とその要素の間を循環しながら解釈を進めていくプロセスが解釈学的循環である。このプロセスは、個々の要素間、あるいは個々の要素と全体テクストの間に矛盾がなくなり、解釈者が納得のいく解釈に到達した時点で休止するが、本質的には終わりのないプロセスと考える。したがって、便宜上解釈者、特に研究者が立ち止まりその解釈をひとつの結論として提示するとしても、それは動的プロセスの一時点をむりやり切り取って凍結しただけであり、それは、あくまでも不完全な解釈であるということを忘れてはならない。

　解釈学的循環は、実存現象学、記号論、構造主義、自然主義、人文主義的アプローチなど広く採用されているプロセスである。

　Gadamer（1960）は、ある特定の観点からみえるようになるものすべてを地平（horizon）と呼ぶ。この地平は、テクストにも解釈者にも存在し、こ

24　Bernstein（1983）。

の両者の地平が融合（fusion）したときに、主観-客観の対立が超越されると考える。解釈学的循環の開始時においては、解釈者の地平は先-了解と一致している。解釈者は、その循環プロセスを通じてその地平をテクストの地平に近づけていき、それが融合した瞬間、その先-了解は、理解と呼ばれることになるのである。

5．発見-正当化プロセスの非分離性

　解釈学的アプローチは、そこで得られた暫定的結論の正当性を問題にすることはない。より正確に述べるなら、解釈学では、発見と正当化のプロセスを分離できるものとは考えていないのである。それは、理解を認識論から存在論の問題としてとらえ直した Gadamer（1960）において特に明確である。すなわち、解釈、理解することでその対象が存在するわけで、あらかじめその対象が自己充足的で自己完結的な客観であるとは考えないのである。われわれは、仏像鑑賞者の「今日の～様は、やさしい顔をしておられる」といった発言をよくきくわけだが、この発言の裏には、昨日は別の顔をしており、明日もまた別の顔をしている可能性を示している。ここで重要な点は、今日その人にとって存在しているのが「やさしい顔の仏像」であるということである。そのように解釈、理解して初めて「やさしい顔の仏像」が存在したわけで、その仏像は、後にも先にも存在しない。すなわち、検証や反証の対象とはならないのである。「本当に仏像はやさしい顔をしているのか」と、別の人（あるいは本人でもいいのだが）がその仏像を凝視したとしても、そこに存在する仏像は別のものなのである。解釈、理解を存在論の問題としてとらえるというのは、このようなことを意味している。したがって、解釈学的アプローチでは、記述された解釈を検証、反証することは不可能と考えるのである。

　この点に関し、Geertz の態度は徹底している。彼は、その研究に対する批判には一切反論しないという姿勢を堅持しているのである。たとえば、

「ヌガラ」(1980) に対しては、宇宙観と王権のとらえ方が静態的である、現実とイデオロギーとの相互作用がみえない、宇宙論における否定的なものが位置づけられていない、などの批判がなされたが、彼は、一切反論しようとしなかった。この点を小泉 (1994) は、「…ギアツの著作は"作品"なのである。色彩や構図を批判された画家が、作品に手を加えるか、反論を展開するか、もう一枚描き直すか、という問題である」と指摘している。つまり、Geertz の研究は、それを記述したときの彼、Geertz の解釈であり、それ以外の何物でもないということである。われわれにできるのは、その研究対象に対し、真摯な態度で説得的な解釈に努めるということだけなのである。

　人文主義的アプローチ[25]は、実証主義の正当化基準が内的妥当性、外的妥当性、信頼性、客観性にあるとし、それに対応する基準が同アプローチにもあることを主張している。それは、信用性 (credibility)、移転可能性 (transferability)、信頼性 (dependability)、確証性 (confirmability) であり、それぞれが実証主義とかなり近い基準となっている。自然主義的アプローチ[26]は、メンバーチェックと外部監査を採用する。メンバーチェックは、最終レポートをその調査のインフォーマントに提示し、コメントによっては再解釈を行うというものである。そして外部監査は、自然主義的アプローチを理解している人にデータを提示し、その解釈を評価してもらうというものである。実存現象主義的アプローチ[27]は、発見と正当化プロセスの分離は認めず、解釈それ自体が正当化を含んでいるという立場にたっている。しかし、その一方で解釈自体に解釈者の偏向が強く出ないよう、研究者やある程度実存現象学アプローチに馴染みのある解釈グループによってチェックしあうことを主張することで、説得性を高めている。

25　Hirschman (1986)。
26　Belk, Sherry and Wallendorf (1988)。
27　Thompson, Locander and Pollio (1989)。

第4節　むすび

　解釈主義と実証主義は、その背景となる哲学が異なるため、存在論的仮定、認識論的仮定が違い、共約不可能とされる。しかしながら、両者には、その内部にさまざまなバリエーションがあり、完全に線引きができないという主張も確認された。

　解釈主義アプローチの中には、解釈学的アプローチ、構造主義的アプローチ、記号論的アプローチ、人文主義的アプローチ、自然主義的アプローチ、実存主義的アプローチなどがあり、基本的な考え方を共有しつつ、細部においてはそれぞれが独自の立場を主張している。その中で、本章後半では、相対主義的な立場を最も厳格に受け継いでいると考えられる、解釈学的アプローチに焦点を絞り、概説した。その試みが、解釈主義アプローチの理解を、より明確にし、マーケティング実践に貢献することを期待したい。

参考文献

Anderson, P.F. (1983), "Marketing, scientific progress, and scientific method," *Journal of Marketing*, 47 (Fall), 18-31.

Anderson, P.F. (1986), "On method in consumer research : A critical relativist perspective," *Journal of Consumer Research*, 13 (September), 155-173.

Arnold, S.J. and E.Fischer (1994), "Hermeneutics and consumer research," *Journal of Consumer Research*, 21 (June), 55-70.

Barthes, R.(1953), *Le degre zero de l'ecriture –suivi de Elements de semiologie –*（渡辺淳，沢村昂一訳『零度のエクリチュール　付・記号学の原理』みすず書房，1971年）.

Barthes, R. (1957), *Mythologies*（篠沢秀夫訳『神話作用』現代思潮社，1967年）.

Barthes, R. (1967), *Systeme de la mode*（佐藤信夫訳『モードの体系』みすず書房，1972年）.

Barthes, R. (1968), "La mort de l'auteur," Manteia, V, fin（花輪光訳「作者の死」『物語の構造分析』みすず書房，1979年）.

Barthes, R. (1971a), "De l'oeuvre au texte," *Revue d'esthetizue*, juillet–septembre（花輪光訳「作品からテクストへ」『物語の構造分析』みすず書房，1979年）．

Barthes, R. (1971b), "Semiologie et urbanisme," *L'architecture d'aujourd'hui*,（篠田浩一郎訳「記号学と都市の理論」『現代思想』1975年10月号，106‐115，青土社）．

Barthes, R. (1973a), *Le plaisir du texte*（沢崎浩平訳『テクストの快楽』みすず書房，1977年）．

Barthes, R. (1973b),「どこへ・それとも文学は行くか」松島征訳『みすず』12月，みすず書房．

Barthes, R. (1985), *L'Aventure semiologique*（花輪光訳『記号学の冒険』みすず書房，1988年）．

Baudrillard, J. (1968), *Le systeme des objets*（宇波彰訳『物の体系‐記号の消費‐』法政大学出版，1980年）．

Baudrillard, J. (1970), *La societe de consommation –Ses mythes, ses structures-*（今村仁司，塚原史訳『消費社会の神話と構造』紀伊國屋書店，1995年）．

Belk, R.W., J.F. Sherry and M. Wallendorf (1988), "A naturalistic inquiry into buyer and seller behavior at a swap meet," *Journal of Consumer Research*, 14 (March), 449–470.

Belk, R. W. and G. S. Coon (1993), "Gift giving as agapic love : An alternative to the exchange paradigm based on dating experiences," *Journal of Consumer Research*, 20 (December), 393–417.

Bernstein, R. (1983), *Beyond objectivism and relativism : Science, hermeneutics, and praxis,* Univ.of Pennsylvania Press,（丸山高司他訳『科学、解釈学、実践ⅠⅡ』岩波書店，1990年）．

Burke, K. (1982), *A grammar of motives,*（森常治訳『動機の文法』晶文社，1982年）．

Eco, U. (1976), *A theory of semiotics*（池上嘉彦訳『記号論1・2』岩波書店，1980年）．

江原由美子（1982），「憑依と離脱‐社会と演劇に関する覚え書き」『ソシオロゴス』6号．

Gadamer, H.G. (1960), *Tubingen,*（『真理と方法』法政大学出版局，1986年）．

Geertz, C. (1973), *The interpretation of cultures,*（吉田禎吾、柳川啓一、中牧弘允、板橋作美訳『文化の解釈学Ⅰ』岩波現代選書，1987年）．

Geertz, C. (1980), *Negara : The theatre state in nineteenth-century Bali,* (小泉潤二訳『ヌガラ』みすず書房, 1999年).

Geertz, C. (1983), *Local knowledge* (梶原景昭、小泉潤二、山下晋司、山下淑美訳『ローカル・ノレッジ』岩波書店, 1991年).

Girard, R. (1961), *Mensonge romantique et verite romanesque* (吉田幸男訳『欲望の現象学』法政大学出版局, 1971年).

Goffman, E. (1959), *The presentation of self in everyday life,* (石黒毅訳『行為と演技』誠心書房, 1974年).

Hirschman, E.C. (1986), "Humanistic inquiry in marketing research : Philosophy, method, and criteria," *Journal of Marketing Research,* 23 (August), 237-249.

Hirschman, E.C. (1988), "The ideology of consumption : A structural-syntactical analysis of 'Dallas' and 'Dynasty'," *Journal of Consumer Research,* 15 (December), 344-359.

Hirschman, E.C. and M.B. Holbrook (1992), *Postmodern Consumer Research - The Study of Consumption as Text,* SAGE Publications.

Hirschman, E.C.(1990), "Secular immortality and the American ideology of affluence," *Journal of Consumer Research,* 17(June), 31-42.

Hirschman, E.C. (1994), "Consumer and their animal companions," *Journal of Consumer Research,* 20 (March), 616-632.

Holbrook, M.B. (1978), "Beyond attitude structure : Toward the informational determinants of attitude," *Journal of Marketing Research,* 25 (November), 545-556.

Holbrook, M.B. and M.W. Grayson (1986), "The semiology of semiotic consumption : Symbolic consumer behavior in Out of Africa," *Journal of Consumer Research,* 13 (December), 374-381.

Holbrook, M.B. and J. O'Shaughnessy(1988), "On the scientific status of consumer research and the need for an interpretive approach to studying consumption behavior," *Jounal of Consumer Research,* 15 (December), 398-402.

Holman, R.H. (1980), "Clothing as communication : An empirical investigation," in *Advances in Consumer Research,* 7, 372-377.

Holman, R.H. (1981a), "Apparel as communication," in *Symbolic consumer behavior,* eds. E.C. Hirschman and M.B. Holbrook, Ann Arbor, MI : Association for Consumer Research.

Holman, R.H. (1981b), "The imagination of the future : A hidden concept in the study of consumer decision making," in *Advances in Consumer Research*, 8, 187-191.
Holman, R.H. (1983), "Possessions and property : The semiotics of consumer behavior," in *Advances in Consumer Research*, 10, 565-568.
Holt, D.B. (1995), "How consumers consume : A typology of consumption practices," *Journal of Consumer Research*, 22(September), 1-16.
星野克美（1985），『消費の記号論』講談社現代新書．
星野克美（1986），「創造的発想のテクノロジー －記号論的マーケティングの提案－」『デザイニング』電通．
星野克美（1993），「セミオティック・マーケティング」，『文化・記号のマーケティング』国元書房．
Hudson, L.A. and J.L. Ozanne (1988), "Alternative ways of seeking knowledge in consumer research," *Journal of Consumer Research*, 14 (March), 508-521.
Hunt, S.D. (1983), "General theories and fundamental explanda of marketing," *Journal of Marketing*, 47(Fall), 9-17.
池上嘉彦（1975），『意味論』大修館書店．
池上嘉彦（1984），『記号論への招待』岩波新書．
今村仁司（1992），『現代思想の基礎理論』講談社学術文庫．
加賀野井秀一（1995），『20世紀言語学入門－現代思想の原点』講談社現代新書．
小泉潤二（1994），「ヌガラ　19世紀バリの劇場国家」『文化人類学の名著50』平凡社．
Kristeva, J. (1969), *Recherches pour une semianalyse*（原田邦夫訳『記号の解体学セメイオチケ』，1983年，中沢新一他訳『記号の生成論セミイオチケ』せりか書房，1984年）．
栗原彬（1982），「フィラデルフィアのカッサンドラー　－上演の社会学のために－」『管理社会と民衆理性』新曜社。
Levy, S.J. (1981), "Interpreting consumer mythology : A structural approach to consumer behavior," *Journal of Marketing*, 45 (Summer), 49-61.
前田愛（1984），「都市論の現在」『テクストとしての都市』《別冊国文学》学燈社．
丸山圭三郎（1981），『ソシュールの思想』岩波書店．
丸山圭三郎（1982a），「＜コトバ＞と＜物＞の記号学」，『言語』，4月，大修館書

店.
丸山圭三郎 (1982b),「言語・記号・社会」,『思想』, 3月, 岩波書店.
丸山圭三郎編 (1985),『ソシュール小事典』大修館書店.
丸山圭三郎 (1987),『言葉と無意識』講談社現代新書.
丸山圭三郎 (1988),『欲動』弘文堂.
丸山圭三郎 (1990),『言葉、狂気、エロス』講談社現代新書.
間宮陽介 (1982),「言葉と物」『経済評論』8月.
松浦寿輝 (1995),『エッフェル塔試論』筑摩書房.
McCracken, G (1988), *Culture and consumption –New approaches to the symbolic character of consumer goods and activities–*（小池和子訳『文化と消費とシンボルと』勁草書房, 1990年).
Mehta, R. and R.W. Belk (1991), "Artifacts, identity, and transition : Favorite possessions of Indians and Indian immigrants to the United States," *Journal of Consumer Research*, 17 (March), 398–411.
Mick, D.G. (1986), "Consumer research and semiotics : Exploring the morphology of signs, symbols, and significance," *Journal of Consumer Research*, 13(September), 196–213.
Mick, D.G. and M. DeMoss (1990), "Self-gifts : Phenomenological insights from four contexts," *Journal of Consumer Research*, 17 (December), 322–332.
Muncy, J.A. and R.P. Fisk (1987), "Cognitive relativism and the practice of marketing science," *Journal of Marketing*, 51(January) 20–33.
中村雄二郎 (1971),「劇的世界と他者の問題」『中央公論』5月, 中央公論社.
中村雄二郎 (1981),「知の戦略としての演劇」『現代思想』10月, 青土社.
中村雄二郎 (1985),「純粋形式と演劇的知」『へるめす』9月, 岩波書店.
中村雄二郎 (1988),『ミシマの影-演劇の相の下に』福武書店.
中村雄二郎 (1992),『臨床の知とは何か』岩波新書.
仲埜肇 (1973),『弁証法-自由な思考のために-』中公新書.
直井優 (1993),「アナロジー」『新社会学辞典』有斐閣.
野中郁次郎 (1990),『知識創造の経営』日本経済新聞社.
岡本慶一 (1993),「消費文化の変革と価値デザイン」,『文化・記号のマーケティング』国元書房.
大村英昭 (1985),「ゴッフマンにおける＜ダブル・ライフ＞のテーマ」『現代社会学』19号.

Riesman, D.(1950), *The lonely crowd* (加藤秀俊訳『孤独な群衆』みすず書房，1964年).
佐伯啓思 (1993),『「欲望」と資本主義－終わりなき拡張の論理－』講談社現代新書.
瀬戸賢一 (1995),『メタファー思考』講談社.
Sherry, J.F., Jr. and E.G. Camargo (1987), "May your life be marvelous : English language labelling and the semiotics of Japanese promotion," *Journal of Consumer Research*, 14 (September), 174–188.
Stern, B.B. (1989), "Literary criticism and consumer research : An overview and illustrative analysis," *Journal of Consumer Research*, 16 (December), 322–334.
高橋順一 (1986),「テクスト論とポストモダン」『現代思想入門Ⅱ』JICC 出版局.
竹内芳郎，丸山圭三郎 (1982),「言語・記号・社会」『思想』，3月号，岩波書店.
寺山修司，山口昌男 (1981),「劇の出現」『現代思想』10月.
Thompson, C.J., W.B. Locander and H.R. Pollio(1989), "Putting consumer experience back ino consumer research : The philosophy and method of existential-phenomenology," *Journal of Consumer Research*, 16 (September), 133–146.
Thompson, C.J., W.B. Locander and H.R. Pollio (1990), "The lived meaning of free choice : An existential-phenomenological description of everyday consumer experiences of contemporary married women," *Journal of Consumer Research*, 17 (December), 346–361.
Turner, V.W. (1969), *The ritual process* (富倉光雄訳『儀礼の過程』思索社，1996年).
Turner, V.W. (1974), *Dramas, fields, and metaphors*, (梶原景昭訳『象徴と社会』，1981年).
宇波彰 (1995),『記号論の思想』，講談社学術文庫.
山口昌男 (1982),「テキストとしての文化」『言語』，4月号，大修館書店.
山崎正和 (1984),『柔らかい個人主義の誕生 －消費社会の美学－』中央公論社.
吉見俊哉 (1987),『都市のドラマトゥルギー －東京盛り場の社会史－』弘文堂.
吉見俊哉 (1994),『メディア時代の文化社会学』新曜社.

第4章 ポストモダン・アプローチ再考

第1節 はじめに

　1980年代、「ポストモダン・アプローチ」という言葉がマーケティングの世界で注目されはじめた。それは、定性的な研究方法を主体としたアプローチとして提示されると同時に、「実証主義的アプローチに対して批判的な立場をとる様々なアプローチの総称」と理解されるようになる[1]。マス・マーケティングや合理性の追求といったモダン思想だけでは現実の世界を理解できないという、これまでのアプローチに対する否定的な認識がことさらに強調されたのである[2]。

　しだいにポストモダン・アプローチは具体的な方法論以上に、「ポストモダン（脱近代合理主義の考え方）」、「ポスト・ポジティビズム（脱実証主義）の立場」、「ディコンストラクション（脱構築）の構え」といったアプローチと結びつけられた相対主義の考え方に目が向けられることになった[3]。それは80年代に隆盛を迎えた「ポストモダニズム」という思想的流行にも大きく影響されていた。こうしてマーケティングの世界では、ポストモダニズム（ポストモダン思想）に依拠する方法論的アプローチをすべて「ポストモダン・アプローチ」とする共通理解が醸成されていくことになる。

　ところが、90年代の科学哲学における「サイエンス・ウォーズ」を経て明

1　南（2002, p.7）。
2　嶋口（2000, p.56）。アプローチの可能性に言及したものとして石井（1992）、栗木（1994）、南（2002）などがある。
3　石井（1993, pp.48-49）。

らかになったのは、ポストモダン・アプローチと関係づけられたポストモダニズムという思想そのものの衰退であり、科学論や科学哲学という分野の論争における相対主義的な立場の失墜である。マーケティングにおける研究アプローチの議論は、その具体的な手法以上に哲学的な立場が論点となっていたため、その後のポストモダン・アプローチに関する考察に大きな関心を引くことはなくなった。

このようなアプローチをめぐる議論の変遷を過去の出来事として片づけてしまうことは簡単であろう。しかし、これまでの議論では、新たなアプローチの可能性よりも実証主義的アプローチに代表される伝統的な研究方法に対する批判に焦点が向けられていたことは明らかである。マーケティングにとってポストモダン・アプローチとはいったい何だったのだろうか、今一度検討する余地も残されているはずである。むしろ、ポストモダニズムという流行が終わった現在、ポストモダン・アプローチとは何かを改めて考え直す時期をむかえたと考えることもできよう。

そこで本章では、マーケティングの世界でポストモダン・アプローチがどのように受容され認識されるに至ったのか、そのプロセスをたどり、当時の議論にどのような問題や誤謬があったのかを探っていくことにする。その目的は、これからのマーケティング研究におけるポストモダン・アプローチの新たな可能性について考えていくことにある。

第2節　マーケティングにおけるポストモダン・アプローチ

マーケティングの世界において、「ポストモダン・アプローチ」という言葉は、まず1980年代の消費者行動研究の展開から生まれることになる。成熟した消費社会・消費者を研究対象とし、「解釈主義アプローチ」と呼ばれる主に定性的な方法論を用いるアプローチを指す場合に使われるようになった。「消費」という行動そのものの意味解釈や理解に焦点をあてる新たな研

究視点・接近方法として取り上げられたのである。

　新たな研究アプローチが提示されると同時に、マーケティング研究者の中では「科学哲学論争」と呼ばれるマーケティングの「科学性」に関わる議論も巻き起こった。その論争において、反実証主義の立場をとる研究者たちによって提示された研究方法をまとめて「ポストモダン・アプローチ」として理解されるようになった。

1．新たな方法論としてのポストモダン・アプローチ

　まずポストモダン・アプローチは、解釈主義アプローチに代表される消費者研究に導入された定性的な研究全般を指すようになった。ここでいう解釈主義アプローチとは、主に社会学や文化人類学で用いられてきたエスノグラフィー、人文主義的研究、記号論、歴史的研究方法といった「定性的」な「意味」の探究を試みる一連の研究方法を指すと考えてよい[4]。それまでの消費者研究では、人が購買し消費することを所与とし、研究の焦点を消費と購買の「行動プロセス」の解明においていた。一方、解釈主義アプローチでは研究対象となる消費者の行動について、「法則と例証」でなく「事例と解釈」を目的とし、消費者のもつ「共有された意味」や「消費という経験」についての深い理解に重点が置かれている[5]。

　新しいアプローチは、それまで前提とされていた「消費」という行動を社会的・文化的な文脈の中に位置づけようとする研究視点の転換を図ったものとして捉えることができる。研究で用いられる分析枠組みと概念装置としては、人間の行動を社会的な構造や文化的な枠組みの中に位置づけ理解しようとした人類学や社会学の方法論が援用される。すでに未開とされた共同体や社会に対する研究の中で、人類学や社会学が蓄積してきた「交換」、「互

---

[4] Hunt（2003, 6章）。この中では、人文主義的探究、記号論、現象学的方法、エスノグラフィー、歴史的研究方法、批判理論などの定性的研究方法がとりあげられている。
[5] 桑原（2001）。

酬」、「贈与」、「儀礼」という代表的な概念を現代の消費社会や消費者個人に応用していくことは、新たな試みとして十分に妥当性をもつようにみえた。

　このような研究視点の転換は、消費という行動プロセスとは別に、そもそも消費するという行為が人間にとって何を意味するかを考える一つのアプローチとして今では当然のように思われる。多くの社会科学が経験した方法論の変遷が、消費者行動研究という分野にも登場したと考えるほうが自然であろう。ただし、マーケティングや消費者行動研究の領域でも使われ始めた時期が、ちょうど「ポストモダン」という時代認識、これまでのモダン社会と異なる様相をもった社会という認識が一般に膾炙しはじめた時期と重なった点に注意しなければならない。ポストモダンという言葉が広まる時期に提示された新たなアプローチは、すべて「ポストモダン・アプローチ」とまとめて呼ばれるようになっていったからである。

2．相対主義者のアプローチとしてのポストモダン・アプローチ

　消費者研究の中で新たなアプローチが提唱された80年代、その動きに反応するかのようにマーケティングという研究領域そのものがもつ学問的アイデンティティ、社会科学としての地位、そのために求められる研究アプローチについての議論が活発となった。いわゆる「科学哲学論争」と呼ばれるものである[6]。

　それまでにもマーケティングの学問的アイデンティティやその科学性についての議論はあった。その論点は、マーケティングが科学なのかアートなのか、あるいはマーケティングはひとつの科学となりえるかといったものである。それに対し、80年代の議論では主として「科学とはそもそも何か」についてマーケティング研究者が哲学的立場を議論しあうという点に大きな特徴があった。科学としてのマーケティングを基礎づけるために、目指すべき目

---

[6] 科学哲学論争の経緯、論点の変遷については、余田（1997）や川又（2003）を参照。

標である科学とはそもそもどのようなものか、その哲学とは何か、そのための研究方法とは何か、という部分に焦点があてられたのである。

　議論では特定の作法が存在した。まずこれまでの科学哲学として登場したさまざまな主義（イズム）を検討し、論者が自らの依拠する哲学上の立場を選択し、マーケティングという学問領域にとって望ましい方法論を提示する。この論争以降、マーケティング研究において、「方法論」の研究が主に科学的方法としての哲学的な問題と別に、「研究に関わる哲学上の問題（科学哲学）」の研究として理解されていくのもこのためである。

　この80年代の科学哲学論争に登場した哲学上の立場と方法論に関する議論を単純に図式化するなら、伝統的な実証主義と相対主義、定量的方法と定性的方法、モダニズムとポストモダニズムの対立という構図となろう。このとき哲学上の立場としてマーケティングの世界に紹介されたのが、KuhnやFeyerabendなどに代表される新科学哲学と呼ばれる立場や、科学社会学の研究手法である。

　その極端な立場に依拠すれば、科学それ自体が社会的な合意形成のプロセスであり、真理はあくまでも社会的に合意されたもの（相対的なもの）であり、「何であれ、社会が科学と呼ぶと選択したもの」が科学であると考える。どれだけ相対化するかという程度に違いがあるものの、科学の絶対性に疑問を投げかける立場であったと理解してよい。そして、科学を基礎づける科学哲学においても、このような相対主義の考え方が注目されている以上、マーケティングが目指す科学そのものに異議を投じることになる[7]。

　そして、この相対主義（反実証主義）の立場の研究者たちが具体的な方法論として提示したのが、消費者研究で紹介されるようになった解釈主義アプローチを中心とする定性的な研究方法であった。こうしてポストモダン・アプローチ（あるいは代表的な解釈主義アプローチ）は、反実証主義、反科学という立場をとる論者が提示するアプローチ全般を指すものとなり、しだい

7　Anderson（1983, p.26）。

に実証主義に対して批判的な立場をとるアプローチの総称という理解が一般化されていくのである。

　科学哲学論争の焦点が「科学そのもの」であり、方法論上のアプローチよりも科学哲学上の立場を強調していたにもかかわらず、具体的な研究方法と研究者が依拠する哲学上の立場（科学に対する立場）をワンセットとして考えていく傾向が作り出されたことに注意しなければならない。そもそも研究方法の妥当性についての議論と科学に対する立場についての議論を明確に結びつける必要がどれだけあったのか、ということである。実際、科学哲学で科学そのものが議論されている間でも、自然科学における研究の営みは、脈々と続けられていたからである。

第3節　ポストモダニズムとポストモダン

　マーケティングの世界に「ポストモダン・アプローチ」という言葉が浸透していく中で、それまでのアプローチに対する否定的な立場、反実証主義や反科学の姿勢がことさら強調された。研究方法についての議論では、当時の科学哲学で脚光を浴びていた新科学哲学や科学社会学の相対主義の考え方が密接に結びついていたからである。また、たいていの相対主義者が反科学の姿勢を明確にしていた。そのため、マーケティングの世界では、しばしば「ポストモダン」と「ポストモダニズム」は同じ意味合いで用いられていた。それは「ポストモダン・アプローチ」が言及される場合、「ポストモダニズムが用いるアプローチ」として、反科学、反近代合理主義、反実証主義という伝統的なアプローチに対する批判精神を色濃く反映させてきたことによる。ポストモダン的状況へのアプローチというよりは、「ポストモダニズム」を信奉することの意思表明として解釈主義アプローチをはじめとする定性的な研究方法が着目されてきたのである。

　ところが解釈主義アプローチなどの定性的な研究は、もともと「ポストモ

第 4 章　ポストモダン・アプローチ再考

ダン」という言葉が流布する前から、ひとつの方法論（アプローチ）として他の研究領域で用いられてきたものである。既存のアプローチのひとつをマーケティングの世界で、ポストモダン・アプローチと位置づけたにすぎない。実際、人類学や社会学の研究では、「ポストモダニズム」という思想潮流が生まれる前から用いられてきた。むしろ、ポストモダニズムが現代思想の世界を席巻する契機となったのが、近代科学の営みに対して解釈主義アプローチを用いた科学史や科学社会学の知見であったことは忘れ去られていた。

東（2000）によれば、本来ポストモダンは「60年代から70年代にかけて先進国で始まった社会的・文化的・認識論的な変化の総称」という「社会の変化」を指し、ポストモダニズムは「その変化と同時代に有力だったひとつの文化的な潮流の名前」、すなわち「特定の時代精神」を意味する[8]。このように区別すれば、ポストモダンの状況として現代社会について語ることと、ポストモダニズムの立場で反近代合理主義を批判することは、異なる次元の議論として考えるべきものとなろう。そして現代の思想潮流において相対化され、その影響力が消失し、80年代の時代精神もしくはイデオロギーのひとつとして捉えられるのが「ポストモダニズム」なのである。

今やポストモダニズムはひとつの「知的ブーム」として社会的・歴史的な文脈の中で相対化されるようになっている。80年代に急速に広まったポストモダニズムの潮流それ自体がひとつの「時代精神」として見直される。もともと日本における80年代のポストモダニズムの流行は、主に「ジャーナリズム（しかも、サブカルチャー寄りのジャーナリズム）」の中で巻き起こり、その「担い手の多くが商業誌のコラムニストやエッセイスト」であった。しかし実際には「'ポストモダン'、'ポストモダニズム'という言葉がアカデミックに承認され、支持されたことは一度もなかった」[9]という指摘に注目す

8　東（2000, pp.212–213）。
9　東（2000, p.212）。

べきであろう。むしろマーケティング研究の中で、「ポストモダニズム」や「ポストモダン」という言葉が大きく注目されたことの方が例外であった。そこにはマーケティング研究がその研究対象として広告・批評の世界と密接な関係をもつという商業的な理由も背景にある。

その手法とイデオロギーの区別を明確にすれば、ポストモダン・アプローチを提唱する上で、ポストモダニストである必要もなく、実証主義アプローチに対して批判的な立場をとる様々なアプローチの総称をポストモダン・アプローチと位置づける根拠もない。マーケティングの世界では、しばしば「ポストモダニズム・アプローチ」という理解が形成されていったところに問題があったのではなかろうか。そのため、ポストモダン・アプローチの妥当性の根拠としてポストモダニズムの精神をもち出すことは、「人文系や社会科学の一部のグループが迷い込んでしまった袋小路として機能した」と指摘されてしまうのである[10]。

第4節　ポストモダニズムの終焉と科学哲学論争

マーケティングの科学哲学論争でとりわけ注目された科学哲学の相対主義の立場は、90年代に入ると主要なパラダイムとはならず、同時に反科学を強調するポストモダニズムの流行も沈静化してしまった。近代合理主義の精神、それによって生まれた科学と知識を相対化し解体することを目指したポストモダニズムは、時代が進むにつれそれ自体が相対化されることになる。

ひとつの契機は、「サイエンス・ウォーズ」と呼ばれた科学者と科学（哲学）論者の間で起こった一連の論争であり、その決着をつけたとされる科学者 Sokal の発表した『知の欺瞞』である。彼が試みたのは、科学そのものの営みと科学についての言説を明確に区別することにあった。相対主義の立場

10　東（2000, p.211）。

第 4 章　ポストモダン・アプローチ再考

からある方法論を採用することと、科学における相対主義の優位性を主張することは別の次元の問題として扱う。したがって Sokal はポストモダニズムを攻撃する一方で、解釈主義アプローチに内在する相対的な傾向それ自体を否定してはいない。方法論についての議論と方法に関する哲学上の考え方を峻別しているからである。

　科学そのものを「神話」として捉え、ひとつの社会的構築物とする極端な相対主義の立場に立てば、具体的な方法論は Feyerabend がいう「何でもかまわない」ということになってしまう。しかし、唯一絶対的な科学的方法を確立することは不可能であるが、そこから「何でもかまわない」という結論を論理的に導き出すことはできない。「何よりも唯一絶対の方法」が「絶対に存在しない」と主張すれば、こんどは相対主義者が攻撃する絶対主義に自らが陥ってしまうからである。

　もちろん、科学そのものの妥当性や合理性についての限界は Sokal 自身も認めている。理性の限界が存在することを科学者たちは意識している。「(少なくとも) 科学的な合理性の内容を完全に成文化することはできないし、われわれはそんなことができるだろうと思っていない。結局のところ、未来はその本性からいって予測できないもの」だからである[11]。

> 泳ぎ方には様々な種類があり、それぞれの泳法にはそれぞれの限界がある。だからといって、(沈まない方がいいと思うなら) どんな体の動かし方をしても同じだということにはならない。唯一絶対の犯罪捜査の方法はないが、だからといってどんな捜査の方法でも同程度に信頼できるということにはならない。(火炙りを使った裁判のことを考えてみよ)。科学の方法論についても同じである[12]。

11　Sokal (2002, 邦訳 p.80)。
12　Sokal (2002, 邦訳 p.110)。

Ⅰ　マーケティングの科学論争

　また科学哲学で相対主義を支持する人たちがその主張を正当化する上で用いた論証は、彼らが否定する実証主義の方法に基づいている。たとえば、科学の歴史的な合理性を反証する場合、Kuhn ら科学史家は歴史的な出来事を紐解き（データの収集）、それを厳密に考察し（データの分析と解釈）、その結果として「科学が合理的に進歩する」という仮説を反証する。彼らは過去のデータから帰納的に結論を導くという手続きを用いながら、自然科学の方法として帰納的な方法の妥当性を「帰納の問題」として棄却する。あるいは電子や DNA といった概念が社会的に構成されたものであり、それを実在するものとして扱うのは「神話」や「幻想」であると主張する一方、「パラダイム」といった歴史的な概念を実在として扱っている[13]。自らの立場を論理的に導き出そうとする場合、歴史的・社会的・論理的な事実と照らし合わせる作業は不可欠なものであり、それは相対主義の立場でも変わらない。

　Sokal が相対主義の濫用を批判する中で、明らかになったことは絶対主義の立場を避けようとすれば、相対主義であれ実証主義であれ、どうしても「程度の問題」にいき着くということである。科学の営みにおいて、哲学上の立場を主張することは単に「自分の守護神」を選ぶだけであり、その正当性や妥当性を絶対的に確保することは不可能なのである。方法論上の多様なアプローチをひとつの学問的アイデンティティを前提としてまとめあげようとすると、それは「統合のためのイデオロギー」になってしまうことに気づいたのである[14]。

　このような科学哲学における議論の展開と同じように、マーケティングの科学哲学論争の結末は「程度の問題」として終息していく。論争の口火を切り、最初にマーケティングが科学たりえるために論理経験主義の立場の優位性を主張した Hunt は、最終的に「科学的実在主義と批判的多元主義の結合」という立場に変わっていく。それは、「どんな場合も例外なく、1）新

13　Hunt（2002, p.63），Sokal（2002, 邦訳 p.105）。
14　Geertz（2002, 邦訳 p.201）。

しい理論や方法に対する寛容でオープンな姿勢をもち、2）そのような理論や方法のすべてに対し、批判的な精査を施すべきである」というものであった。また「無秩序になることなく批判的であり、虚無的になることなく寛容であり、相対主義になることなく反証的であり、主観的になることなく絶対主義的であり、そして'絶対主義者'になってはならない」ことが必要という[15]。ここで絶対主義者の立場とは、「競合する知識命題の価値を評価するために、信頼のおける規準の存在を維持すること」であり、自分のもつ規準こそが「真の知識命題を保証する」という確信を疑わない姿勢である[16]。それは真理の絶対性を信ずるものではなく、自身の方法的一貫性を維持するための姿勢の問題にすぎない。Hunt の主張は自分の依拠する哲学上の立場について厳密に語ろうとすればするほど、表現することの困難を明らかにしている。Sokal の指摘するように、科学における絶対的な方法を見出すことは難しく、結局のところ科学のもつ合理性とは、「新しい状況にいつも適応していく姿勢」として表明するものにすぎないからである[17]。

一方、Hunt への反論として相対主義の立場を提示した Anderson らの主張も、論争が進むにつれ方法論の問題に対して、極端な相対主義あるいは虚無主義やアナーキズムに接近することへのためらいが生まれる。そこで彼らが提示するのは、「概念的相対主義」や「批判的相対主義」という穏健な相対主義というものである[18]。それは「何でもかまわない」とすべてを否定することなく、「真理は完全に相対的である」という立場でもない。

また、相対主義の立場であった Hirschman らが主張したのは、信用性、移転可能性、信頼性、確証性という四つの規準を「相対主義」の立場に条件をつけることによって、その正当性を担保するというものである。これら4

---

15 Hunt（1976a, 1976b, 2002, p.5）。また Hunt（2003）は、科学実在論も細分化されたものであり、「科学についての一般理論」は存在しないと言及している（p.171）。
16 Hunt（2002, p.5）。
17 Sokal（2000, 邦訳 p.80）、Okasha（2002）。
18 Anderson（1986）。

つの規準は、内部妥当性、外部妥当性、信頼性、客観性という論理実証主義の規準に対応しており、それらを満足させることで彼らの主張する穏健的な相対主義が正当性をもつということである。そもそも科学と非科学を明確に分ける規準が存在しない点を強調し、相対主義の妥当性を唱えた彼らでも、方法論的な問題では「規準」の存在を認めざるをえなかった。方法論の議論において、このような規準が存在することで、自らの立場を「弱い形態」の、あるいは「穏健な」相対主義とする[19]。こうなると、実証主義と相対主義の対立というマーケティングの科学哲学論争も、論争が進めば進むほど互いの主張を弱める（穏健なものにする）ようになり、鮮明だった立場の違いもあいまいになっていく。そこには大きな差異を見出すことのほうが難しくなってくる。

このようにマーケティングの科学哲学論争は、科学哲学における「サイエンス・ウォーズ」の議論と同じ帰結にたどり着いた。つまり絶対的な真理や完全に合理的な科学的方法を基礎づける哲学上の考え方は確立することは困難である（あるいは不可能である）が、そこからどんな方法でも科学として認めることはできない、ということに落ち着いたのである。

第5節　ポストモダン・アプローチの必要性

マーケティングのポストモダン・アプローチが敬遠されていたのは、アプローチそのものの問題ではなく、アプローチに内在する相対主義の視点がポストモダニズムの反科学や反近代合理主義と深く結びついていたことにある。「科学の社会学」や「科学の人類学」という新たな論点を生み出した解釈主義アプローチも、ポストモダニズムの潮流の中では、反科学や反近代合理主義を主張するツールとして頻繁に活用されてきた。しかし、このアプ

19　Hirschman（1986）。

ローチそれ自体は反科学を正当化するために生み出されたものではない。あくまでも科学者にとって当たり前の前提を問い質すために用いられたにすぎない。

　人類学者の Geertz は科学と反科学の論争が強まり、相対主義的な視点すべてが否定されてしまう事態に対し、「反＝反相対主義」の立場を提示し反論している。彼は、「相対主義的傾向、正確に言えば人類学がその資料を扱う人々の内にしばしばもたらす相対主義的傾向」[20]がそもそも人類学という学問領域の中に存在している点を理解してもらおうと試みる。

　近代文明とは隔離された部族や共同体の観察において、近代ヨーロッパで生まれた啓蒙精神や価値観という色眼鏡から生まれる知見とは「遅れている」、「未開である」といったものでしかない。しかしこれまでの人類学の貢献は、そのような未開とされる世界の中に複雑な文明が形成されていることを証明したことにある。それはヨーロッパ中心の近代思想、啓蒙主義、そして科学主義もいったん相対化するという視点を用いなければ不可能である。解釈主義アプローチに内在する相対主義的な視点は、反科学や反近代合理主義というイデオロギーとは別に確保されねばならないのである。この点について、ポストモダニズムの相対主義を徹底的に論駁した Sokal でさえ、人類学が用いてきた解釈主義アプローチの妥当性を十分に認めている。

> 人類学者は、ある社会において様々な習慣の果たす役割を知ろうとしているわけだから、その研究に自分自身の審美的好みを持ち込んだところで得ることはないだろう。ある文化における認識論的な側面、たとえば、その文化の宇宙観が社会的にどのような機能を果たすかを研究する場合に、この宇宙観が本当に正しいかどうかは人類学者にとっても主要な問題ではないはずだ[21]。

20　Geertz（2002, 邦訳 p.63）。
21　Sokal（2000, 邦訳 p.257）。

解釈主義アプローチの主目的は、人間が「意味をもって生きている世界」の中で、人びとの考え方や共有された意味がどのように機能し、規定されていくのかを理解することである。一方、自然科学ではそうした人びと意味の世界を離れ、正確に自然のメカニズムを把握しようとし、またその真偽を判断することに全力を傾けてきた。その自然科学でさえ研究対象のスケールによって、独自のモデルや方法論が存在しているのだから、社会科学にも独自の問題があり、独自の方法がある。研究のための方法論は、結局のところその研究が関心をもつ特定の現象によって決定されるべきなのである。したがって、解釈主義アプローチを用いるがために、人類学には確固としたアイデンティティが存在しないという特徴をもつのであり、それを受け入れられないならば、「そもそも人類学をやらなければよい」[22]のである。

　それではマーケティング研究においてポストモダン・アプローチはどのような意味をもつのであろうか。そのためには解釈主義アプローチに内在する相対主義的な視点が有効だと考えられる適切な研究対象の存在を認めなければならない。そもそも解釈主義アプローチをはじめ、新たなアプローチとしてポストモダン・アプローチが提示されたのは、消費者や社会で共有される「意味」が問題となるような事象が現代の消費社会の中では無数に見つけられるからである。

　自然科学では、その理論や法則が「なぜ」の部分への解答にはならない。ニュートンの法則による「万有引力の法則が距離の二乗則」になることを明らかにしたが、「なぜ」二乗則なのかを明らかにしたわけではない。「そうなっている」という説明とは別に、マーケティングに関わる事象の中には「そうなっている」理由を問うこともできる対象が存在している。商品やブランドそのものではなく、それが人間にとってどのような意味をもつかを問うという「解釈学的転回」を、マーケティング研究は必要としている。

　たとえばブランド研究においてブランド選択のプロセスを明らかにするの

22　Geertz（2002, 邦訳 p.201）。

第 4 章　ポストモダン・アプローチ再考

とは別に、そのブランドが消費者個人や社会にとってどのような意味をもつかに目を向けることができる。あるいは「象徴的消費」とよばれるような消費という行動において人びとが「象徴的」とするような消費の意味、消費者が求める「ライフスタイル」がもつ意味、疲弊した中心市街地の商店街に求められる「賑わい」という感覚、これらの意味を明らかにしていく上で解釈主義アプローチは不可欠なものと思われる。いずれの研究対象も数値的測定とは異なる社会的合意の形成プロセスが存在しているはずだからである。

さらに、現在マーケティングの世界で研究者が無自覚に用いている前提や言葉について問い質すこともできるだろう。Pörksen は一見すると絶対的な価値があるようだが、内容が空虚な言葉を「プラスチック・ワード」と名づけた。その単語リストには、「コミュニケーション」、「消費」、「交換」、「アイデンティティ」、「ストラテジー」、「関係性」といったマーケティングの世界で語られる語句が多数含まれている[23]。いずれもマーケティングの世界では頻繁に使われているキーワードである。実際、商品の名前である「ブランド」が「自分ブランド」を確立するための個性化の問題として、私たち個人のブランド構築が取り上げられる時代である。消費者研究において提示された解釈主義アプローチが「消費」とはそもそも何かを問い質したように、日常生活に蔓延するマーケティング・キーワードをひとつひとつ見直していくこともできよう。

最後に、マーケティングにおける方法論についての議論が「マーケティングは科学なのか、それともアートなのか」という問いであったことへ立ち返ることも必要となろう。80年代の議論は、科学哲学論争というように、マーケティングの科学性についてのみ焦点があてられてきた。そのため議論の前提として科学がもつ優位性があり、絶対の科学的方法を見出すことへ議論が集中した。相対主義の立場から、マーケティングが目指そうとする科学そのものへの攻撃はあったものの、結果としてマーケティングがもつ（であろ

23　Pörksen（1988, 邦訳 p.76）。

う）アートの側面に目が向けられることはなかったのである[24]。ポストモダンという時代において、「アートのマーケティング」ではなく「マーケティングのアート」を理解するための人文主義的研究や批判理論といったアプローチが用いられる可能性は十分にある。

第6節　むすび

　これまでマーケティングの世界で語られてきた「ポストモダン・アプローチ」は、反近代合理主義としてのポストモダニズムや科学哲学における相対主義と結びつき、それまでの伝統的なアプローチの否定という側面を強調していた。たしかに解釈主義を中心とした新たなアプローチは、必然的に相対主義的な傾向をもつ。しかし、その傾向はけっして方法論上の「何でもかまわない」を意味するものではなく、これまでのアプローチをすべて否定するものではないことが明らかになったはずである。解釈主義アプローチを用いるのは、合理主義的な認識では把握しきれない事象の非合理的な側面に目を向けるためである。それは合理主義への反目ではなく、その限界を補完するものとして理解されるべきであろうし、これまでのアプローチに対する優位性を示すものでもない。そして、全面的に反科学・反近代合理主義のポストモダニズムに依拠するものでないことは明らかである。

　結局のところ、これまでの研究アプローチをめぐる論争は、モダンとポストモダンという時代区分、ポストモダニズムという時代精神、それらの文脈を峻別することなく方法論的アプローチの考察を同時代の思想潮流と強く結びつけた点に問題があったと考えるべきである。必要なのは、社会の変化としてポストモダンという時代認識であり、かつて流行したポストモダニズムではないという認識である。そして、ポストモダン・アプローチとして提示

24　Brown（1996）。

第4章 ポストモダン・アプローチ再考

された定性的な方法論の有用性は、反実証主義のためではなく、マーケティング研究者にとっての前提を問い質す相対主義の視点にある。それは、つねに「マーケティングとは何か」を考える研究者の姿勢を問うものとして位置づけられるものであろう。

参考文献

Anderson, Paul F. (1983), "Marketing, Scientific Progress, and Scientific Method," *Journal of Marketing*, 47 (4), 18-31.

Anderson, Paul F. (1986), "On Method in Consumer Research : A Critical Relativist Perspectives," *Journal of Consumer Research*, 13 (2), 155-173.

Brown, Stephen (1996), "Art or Science? : Fifty Years of Marketing Debate," *Journal of Marketing Management*, 12 (4), 243-267.

Feyerabend, Paul K. (1975), *Against Method*, NLB. (村上陽一郎, 渡辺博訳『方法への挑戦』新曜社, 1981年).

Geertz, Clifford (2002), *The Politics of Culture : Asian Identities in a Splinted World and Other Essays* (小泉潤二編訳『解釈人類学と反＝反相対主義』みすず書房, 2002年).

東浩紀 (2000),「ポストモダン再考」『アステイオン』54, 203-217.

Hirschman, Elizabeth C. (1983), "Aesthetics, Ideologies and the Limits of the Marketing Concepts," *Journal of Marketing*, 47 (3), 45-55.

Hirschman, Elizabeth C. (1986), "Humanistic Inquiry in Marketing Research : Philosophy, Method, and Criteria," *Journal of Marketing Research*, 23 (August), 237-249.

Hunt, Shelby D. (1976a), "The Nature and Scope of Marketing," *Journal of Marketing*, 40 (3), 17-28.

Hunt, Shelby D. (2002), *Marketing Theory : Toward a General Theory of Marketing*, M.E.Sharpe.

Hunt, Shelby D. (2003), *Controversy in Marketing Theory : For Reason, Realism, Truth, and Objectivity*, M.E.Sharpe.

今村仁司 (1994),『近代性の構造』講談社.

石井淳蔵 (1992),「マーケティング研究における解釈学アプローチ」『国民経済雑誌』166 (6), 91-114.

Ⅰ　マーケティングの科学論争

石井淳蔵（1993），『マーケティングの神話』日本経済新聞社．
川又啓子（2003），「科学哲学論争とマーケティング研究」『京都マネジメント・レビュー』（3），73-90．
桑原武夫（2001），「ポストモダン・アプローチの展開と構図」『ハーバード・ビジネス・レビュー』26（6），118-122．
松井剛（2001），「消費論ブーム－マーケティングにおける'ポストモダン'」『現代思想』29（14），120-129．
南知恵子（2002），「象徴的消費を理解する」『一橋ビジネス・レビュー』48（1・2），6-16．
三浦雅士（1988），『疑問の網状組織へ』筑摩書房．
Okasha, Samir (2002), *Philosophy of Science : A Very Short Introduction*, Oxford University Press.（廣瀬覚訳『科学哲学』岩波書店，2008年）．
Peter, Paul J. and Jerry C. Olson (1983), "Is Science Marketing?" *Journal of Marketing*, 47 (4), 111-125.
Pörksen, Uwe (1988), *Plastikwörter, Stuttgart*： J.G. Cotta'sche Bunchhandlung Nachfolger GmbH.（糟谷啓介訳『プラスチック・ワード－歴史を喪失したことばの蔓延』藤原書店，2007年）．
嶋口充輝（2000），『マーケティング・パラダイム』有斐閣．
Sokal, Alan and Jean Bricmont (1988), *Fashionable Nonsense*, Picador.（田崎晴明，大野克嗣，堀茂樹訳『「知」の欺瞞－ポストモダン思想における科学の濫用』岩波書店，2000年）．
高橋昌一郎（2002），『科学哲学のすすめ』丸善．
余田拓郎（1997），「マーケティング研究の方法論における課題」『慶應経営論集』14（2），133-149．

II

マーケティング理論
発見の方法論

第5章 理論生成とマーケティング研究の方法論[1]

第1節　はじめに

　マーケティング科学論争は、少しずつ議論の焦点を変えながら絶えることなく続いている。論争の初期の争点は、「マーケティングは科学か」という点にあった。すなわち、Hutchinson の、「マーケティングは科学ではなく、物理学や化学よりはむしろ工学や医学に近い技芸または実践であり、それ故にマーケティング分野が固有の理論体系を発展できないでいる」という主張[2]を端緒として、初期のマーケティング科学論争が展開されたのである。

　しかしながら、当時の科学の概念は、たかだか帰納主義的な知識獲得の方法が、科学的方法であると信じて疑わない程度のものであった[3]。その後、1976年に Hunt によってなされた、マーケティング科学化の決め手としての実証主義的方法論の確立の提案によって、科学方法論議が大きく進展する。Hunt は科学の条件として、1) 明確な対象をもつこと、2) この対象において基礎的な規則性が存在すること、3) 科学的方法を用いていることをあげ、その科学的方法として論理経験主義を主張したのである[4]。それに対して、1983年に Anderson や Peter and Olson などが相対主義的科学観を提示するなど、実証主義対相対主義というマーケティング科学の哲学的基礎をめ

1　本章は、「マーケティング研究の方法論における課題」(『慶應経営論集』第14巻第2号, 1997年3月) の「第2節　現代科学哲学の発展過程」を削除した上で、加筆修正したものである。
2　Hutchinson (1952)。
3　上沼 (1991a)。
4　Hunt (1976)。

ぐる論議に議論の中心は移った。一方、1990年代におけるマーケティング科学論争は、Hunt の「論争のための論争を中止し共通点を発見した上で、マーケティングの創造的な知識生成を提示すべきである」という主張[5]に代表されるように、理論創造力を強化するという視点に基づく方法論議、あるいは理論生成のメカニズムに関する議論が多くなされてきた[6]。

本章では、マーケティングの科学的方法論にかかわる諸文献のサーベイをとおして、マーケティング研究の方法論における課題と示唆を得ることを目的とする。

第2節　マーケティング科学の哲学的基礎

これまでのマーケティング科学の多くは、論理経験主義に依拠してきた。その代表的論者が Hunt である。一方、相対主義的な立場[7]をとる研究者としては、Anderson、Peter、Olson、Zaltman などを代表としてあげることができる[8]。

Hunt の科学方法論議[9]の目的は、マーケティング科学の地位を高めることにあり、「マーケティングの一般理論と基本的被説明項」において次のよう

5　Hunt（1990）。
6　例えば、金（1993）参照。
7　相対主義的立場といっても一様ではない。例えば、Hunt は相対主義のタイプを概念的相対主義、存在論的相対主義、価値論的相対主義の3つに分類している（Hunt 1990）。概念的相対主義は、科学的知識の共約不可能性を強調する Kuhn によって提唱されたタイプの相対主義で、知識命題はパラダイムに相対的であり、パラダイム間で評価は困難であるという観点に立っている。存在論的相対主義は、科学的知識の理論負荷的性質を強調するもので、科学にとっての事実は言語に相対的であいう立場をとる。また、価値論的相対主義は、科学における目標や価値は研究プログラムによって異なり、競合するプログラム間では目標や価値を相互に客観的に評価することは困難であることが主張される。
8　Deshpandé（1983）。
9　Hunt の主張に対する問題点は塚田（1991）に詳しい。

第 5 章　理論生成とマーケティング研究の方法論

に主張している[10]。まず、現代科学哲学において受容された考え方は論理経験主義であり、その科学観の下でのみマーケティング科学あるいは一般理論が形成されると主張する。さらに、科学理論とは、観察可能な言明論理的に導き出されるような演繹体系のことであるとする。また、Hunt のいうところの科学的方法の要件は、間主観的な証明ができるということである。多様な態度、意見、信念を有する異なった研究者が、理論や法則の正しさを確かめることができることが科学的方法であるとされる。この点において、科学は認識学的には唯一無二であるということになる。

　一方、相対主義に依拠する Anderson は、唯一の理論正当化の手段として経験的テストに信頼を置く実証主義は支持し得ないという立場をとる[11]。また、特定の科学的方法の性質あるいは存在について合意は得られておらず、マーケティング理論の評価にとって唯一最善の方法を求めることは適切ではないと主張する。さらに、正しい方法が何かと問うよりも、どの方法論がマーケティング研究者集団を納得させることができるかを問う方が重要であるとして、相対主義的な立場が科学的方法の問題に対する唯一の実行可能な解決策であると主張するのである。他方、Peter and Olson は従来からの「マーケティングは科学か」という問いから発想を180度転換して、「科学はマーケティングか」という問いを出発点として議論を展開する[12]。Peter and Olson は基本的には Anderson と同じ科学観に立っているが、相対主義的立場をより一層明確にしている。すなわち、普遍的法則や理論を生み出そうとする努力よりも、文脈の中で意味を解釈する必要があることを指摘するとともに、仮説発見の重要性を説き、さらに数量的な扱いに偏らず、質的な扱いも重要であることを指摘している。

　相対主義陣営の指摘する論理経験主義の問題点は、帰納論理のもつ限界、観察事実の理論負荷性および唯一の客観的事実の存在に対する信念、の大き

10　Hunt（1983）。
11　Anderson（1983）。
12　Peter and Olson（1983）。

Ⅱ　マーケティング理論発見の方法論

く3つの点に集約される[13]。

　まず、帰納論理のもつ限界は、帰納によって得られた知識命題を有限回のテストによって普遍性を検証することに対する矛盾にかかわるものである。Hunt もこのことを一部指摘し、既存の実在主義が命題としている絶対的真理観ではなく、蓋然的真理観を主張している[14]。そこでは、科学理論が長期間、現実を説明し、予測し、実践的問題に対して解決策を提示して成功をおさめた場合、その理論が仮定している実体や構造のようなものが存在すると主張される。

　相対主義陣営の指摘する問題の二点目は、観察事実の理論負荷性に関するものである。理論が演繹的に構築されれば理論の構築段階ではこの問題は避けることができる。しかしながら、構築された理論を検証、確証あるいは反証するプロセスでは、観察が理論によって負荷されることに関して避けることが困難である。この理論負荷性の問題は、相対主義者によって共約不可能性という概念として積極的に取り込まれ、議論が展開されることとなった[15]。観察が理論に負荷されるならば、研究パラダイム間での合意や知識の統合などは難しいことになる。この問題に関して Hunt は、収集データが特定の説明理論から影響を受けないようにすること、測定方法が説明理論から影響を受けないようにすること、さらに認識過程や方法が研究者から影響を受けないようにすることによって、改善されうると主張するのである[16]。

　一方、唯一の客観的事実は、知識命題が徐々に改善される中で少しずつ唯一の真理に近づくとみられる、という論理実証主義的な科学観に関するものである。相対主義者は現実には複数の真理が存在するという立場をとることが多い。真理は研究者の認識から完全に独立して存在できないし、理論のフレームワークの中だけに意味をもつ。したがって、真理は研究者が特定の主

13　石井（1993a）。
14　Hunt（1990）。
15　共約不可能性を強調するのは概念的相対主義者である。
16　Hunt（1992）。

張に対してもっている信念に過ぎないし、理論によって推論される主観的な評価に過ぎないと主張するのである[17]。

　論理経験主義と相対主義の論争は、その後主として批判的相対主義と科学的実在主義という立場から論争が行われてきた[18]。この論争の中心は、事実と真理の捉え方、主張の論理一貫性や妥当性に関するものである。科学的実在主義を支持するHuntは、事実は科学者の認識から独立して客観的に存在し、真理の普遍的存在、さらにはその発見が可能であると主張する[19]。それに対し、批判的相対主義の立場に立つPeterは、研究者から独立して存在する事実を否定し、真理を主観的概念であると主張する[20]。また、批判的相対主義に対しては理論の共約不可能性と矛盾的主張が、科学的実在主義に対しては、実在主義の誤謬と理論の有用性が問題点であると相対する陣営から指摘されている。

　マーケティング分野における科学哲学論争には、以上述べてきた科学哲学としての論理一貫性に関するものに加えて、マーケティング理論の発展状況をふまえたマーケティング科学の依拠すべき方法論に関する議論が存在する。例えば、Zaltman and Bonomaは「マーケティング思考における異端的主張の欠如」において、マーケティング分野における知識創造が不十分であることを主張する[21]。彼らの主張によれば、マーケティング知識の境界線は、潜在的能力が可能とするほど頻繁には破られ拡張されてはおらず、その理由が非伝統的な見解や新たな見解を提出したり追求したりすることに、少なからずためらいをもっているからである[22]。論理経験主義の正当化の論理を厳密に守ろうとするがあまり、目から鱗が落ちるような斬新な理論、法則が提出されにくくなっていることも指摘されている[23]。例えば、統計的処理

17　Peter and Olson（1983）。
18　金（1993）。
19　Hunt（1990）。
20　Peter（1992）。
21　Zaltman and Bonoma（1979）。
22　大屋（1991）。

Ⅱ　マーケティング理論発見の方法論

を前提とした大量サンプルでのサーベイ調査は、平均的な事例を捉えるための分析を念頭に置いており、一般に共有されている常識のレベルを超えた結論に到達する可能性は低い[24]という指摘である。さらには、命題の妥当性に対して確率的な意味での支持を与える論理経験主義では、マーケティング分野の研究成果を統合しにくくしているという側面もある。つまり確率的な議論では、相反する理論が共に支持を得るという可能性を有しており、そのような理論群はひとつの理論に統合されにくくすると考えられる。

　論理経験主義のこういった課題に対処しようとするとき、演繹法に目が向けられることになる。ドイツにおけるマーケティング方法論者の一人であるRafféeは、「経営経済学の分野では様々な種類の演繹法が基礎方法として用いられている」と主張し、なかでも演繹的-法則論的説明法が有効な方法であると結論づけている[25]。演繹的-法則論的説明法とは説明されるべき事態（被説明項）を法則論的仮説と初期条件との連言から論理的に導出することを特徴とし、「経営経済学の解明目標と制御目標に適合している」と主張している。演繹法を中心に置くことには、帰納論理のもつ問題を避けることができるという点に加えて、現在存在する理論や公理との連言によって新たな理論を構築するため、新たに生成される理論同士も何らかの関係が存在するというメリットがある。つまり、将来において別々に生まれてきた理論が体系化される可能性が高いということである。新しく生成される理論が現実の観察のみに依存していたのでは、その各々には現実を通じての関係しか存在し得ず、理論の体系化は偶然性に左右され、体系化の可能性はより薄いものとなる。このように、マーケティング研究の方法論として高く評価することのできる仮説演繹法であるが、経営経済学においてはこの方法を十分に使いこなしておらず、その理由は経営経済学において信頼のおける理論、あるい

23　Peter（1992）および金（1993）参照。論理経験主義でも、理論創造という点における反省から、ヒューリステイック・バリューの必要性が強調される（Hunt 1992）。
24　沼上（1995a）。
25　榊原（1991）。

は法則論的仮説が十分に存在していないことが指摘される[26]。このことが、経営経済学の方法論として単一の方法論に収束できない原因となっているとされる。

　それでは、マーケティング分野において欠けていると指摘される、理論生成の局面で有効な方法論とはどのようなものなのだろうか。Deshpandéは、科学パラダイムと研究方法との関連は非常に強いものであり、科学者がある理論パラダイムを受容するとき、同時にそのパラダイムに固有の研究方法を受容していることを指摘する[27]。同様にPattonも科学パラダイムと研究方法の強い関連性を指摘している。つまり、経験科学における正当化は、定量的測定、実験デザイン、多変量統計分析を適切な科学の前提としているのに対し、代替的なパラダイムでは深層面接法や自由回答法による面接、個人的観察などの技法を用い、研究対象との密接な接触から得られる記述や分析などの定性的データに依存すると主張する[28]。次節においては、理論生成についてさらに議論を進める。

第3節　理論生成に関する考察

1．理論生成における発見のプロセス

　論理実証主義に始まる今世紀の実在主義的科学哲学では、発見の文脈と正当化の文脈とを区別して議論するのが常であるが、発見の文脈に関する議論は不完全である。例えば、論理経験主義では帰納的に知識命題を導き出す発見のプロセスと、経験世界との対応において検証される正当化のプロセスに分け、理論の生成は観察から帰納的に導出されるとされた。しかしながら、

26　榊原（1991）。
27　Deshpandé（1983）。
28　Patton（1978）。

II マーケティング理論発見の方法論

　Einstein の相対性理論について考えてみると、観察によって理論が実証されるのは理論が生まれて後のことであり[29]、また Maxwell の電磁波の理論は、Ørsted の法則と Faraday の法則から演繹的に導出されたものである[30]。
　このように自然科学の世界では観察や実験に先行して理論が生み出される例は多く、観察命題から理論が生成されるという主張には無理がある。Popper が提唱する反証主義の考え方では、発見は公理演繹プロセスによってなされる[31]。その一方、数学的法則や物理化学における理論のように帰納的プロセスに基づいて発見がなされるケースも多々存在する[32]。理論は個々の例からの帰納的推論と包括的理論からの演繹的推論の両方から生成されうる[33]と考えるべきだろう。Popper 自身、この理論の生成に関しては多くのことを語っておらず、「ある理論を思いつくとか考え出すという最初の段階は、論理的な分析を必要とせず、また論理的分析の対象となるとは思えない」と主張して、発見の文脈を科学哲学の関心の外に置いている[34]。このように実在主義においては、発見の文脈は関心の外に追いやるか、または過去における理論の発見過程を十分に説明できているとはいえない。
　一方、批判的相対主義は科学の硬直性に対する危惧から、多様な方法論を認めているのであるが、理論生成のメカニズムに関しては多くを語っていない。批判的相対主義は理論生成ではなく、理論変換に言及し、反証データの観察や発見をトリガーとしたものではなく、科学者自身の、世界観の変化などの思考作用から直接に生ずるという主張を行うのみである[35]。これに対して存在論的相対主義は、その方法としては解釈学アプローチあるいは主観的アプローチというかたちをとって現れる[36]が、発見と正当化は分離すること

29　薮内，石蔵（1965）。
30　中谷（1958）。
31　Popper（1959）、Popper（1962）参照。
32　内井（1995）。
33　Feibleman（1962）。
34　内井（1995）。
35　赤川（1993）。

第 5 章　理論生成とマーケティング研究の方法論

は不可能であるとされる。このアプローチは、共感的理解あるいは感情移入によって特徴づけられ、そもそも現象の法則発見が科学の目的となるのではない。つまり、現象のおかれた人々の動機・意味・理由・主観的体験あるいは間主観的体験を明らかにすることが科学の目的である[37]。解釈学では理論生成には無関心であるといってよいだろう。

2．理論生成におけるマーケティングの方法

　近年、実証主義と相対主義、あるいは科学的実在主義と批判的相対主義という主義や方法論に関わる論争に加えて、定量的研究方法や定性的研究方法といった研究方法や手法についての議論が増えている[38]。Deshpandé は実証主義と観念論に対応する研究方法として定量的方法と定性的方法をあげ、マーケティング分野では定量的方法に過度に依拠し、定性的方法を排除してきたことは問題であり、定性的研究方法の適合性に関する議論が欠けていると主張している[39]。定性的研究方法の発見の文脈における有効性は、多くの論者に指摘されている[40]。例えば、因果関係を理解しやすい[41]、人々の意図や解釈を濃密に記述することができる[42]、あるいは、定量的方法と定性的方法との根本的な差異は、前者が理論を検証し確証するために開発されているのに対し、後者は理論を発見するために開発されている[43]、といったことが主張される。さらに、サンプルサーベイは観察の信頼性や再現性が強調さ

36　石井（1993b）。
37　石井（1993b）。
38　定性的研究方法と定量的研究方法という二分法的の分類は、過度に単純化しすぎている（Morgan and Smircich 1980）とも指摘されている。
39　Deshpandé（1983）。
40　定量的方法でも仮説モデルの検証ばかりではなく、探索的ないし発掘的方法の重要性が認識されている（金井 1989）。
41　Miles and Huberman（1984）。
42　Geertz（1973）。
43　Reichardt and Cook（1979）。

Ⅱ　マーケティング理論発見の方法論

れ、より大きな母集団への一般化が可能である一方、定性的なケース・スタデイは資料提供者を取り巻く状況を明らかにし、因果関係の理解を促進することなどが主張される[44]。

　反証主義によって整備された演繹法の論理展開上の合理性に対して、帰納法あるいは意味解釈法はその発見の文脈における有効性によって特徴づけられることが多い。しかしながら、帰納的な推論は理論的に正当化されえないので、「帰納法に基礎方法の位置づけを与えるような経営経済学は、その解明目標及びその上に構築される制御目標に対処することはできない」と指摘される[45]。定性的研究方法を採用する解釈学に関して、Weber は、自由な意志をもつ人間行動の規則性を自然科学と同じように、科学的方法によって明らかにするためには、人間の営みについて動機を解釈することが必要であると主張する[46]。その動機の解釈を行うことによって、社会現象を対象とするところの社会科学的認識を程度の低いものにするどころではなくて、かえって確実なものにすると主張するのである。しかしながら、解釈学は、得られた知識の真実が吟味されるような明確な方法基準が存在していないという点において、自己完結的な科学方法論とはみなされえないという見方をする論者も多い[47]。マーケティング研究分野における解釈学的アプローチの導入は、Holbrook らを中心とした消費者研究において積極的に行われている[48]。Holbrook らは、消費は消費者自身による目的志向的行為であるとし、解釈学的アプローチの必要性を主張したのである[49]。

　以下においては、理論生成に有効であると指摘される定性的研究方法をマーケティング研究に導入するに際しての課題について検討を加える。

44　McClintock et al.（1979）。
45　榊原（1991）。
46　大塚（1966）。
47　Raffee（1974）、Deshpandé（1983）。
48　武井（1995）。
49　例えば、Holbrook and O'Shaughnessy（1988）。

3．個別ケース・スタディ[50]

3-1．複数事例の意義

　個別ケース・スタディは、現象の理解から説明、予測へと探索局面に限定されず現象法則を捉えようとする点において帰納法に含まれる。観察された個別言明を普遍言明に論理的に結びつけることが困難であることが主張されるが、理論構築において創造的洞察を得ることが可能であることは多数の論文で指摘されている[51]。特に、マーケティング分野では、理論的知識が少ないこと、高度に複雑な現象を含んでいることから、ケース・スタディをはじめとする質的調査が適している[52]。

　まず、理論生成という視点で個別ケース・スタディが有効であるとされるのはとりわけ複数事例による研究である[53]。ノーベル賞学者の湯川秀樹は、異質なものの間の共通性をつかむ「同定（Identification）」という作用をとおして、理論の発見がなされることを指摘している[54]。複数ケースによるケース・スタディの強みは、単一のケース分析あるいは単一の母集団からのサーベイ分析では看過されがちな調査対象の理論的構成概念が浮き彫りにされる点にある。単一のケース分析にも関わらず理論の古典になったものも存在しているが、それは分析の深さだけではなく追加的なケース分析がなされた後に、事後的に評価が行われる傾向がある[55]。特に研究の蓄積に乏しい領

50　ここでいうケース・スタディは、参与観察法よりもインタビューや歴史的資料に基づく個別企業研究を想定しており、事例研究をとおして何らかの一般性のある知見を得ることを目的とした研究を想定している。参与観察法やエスノグラフィーなどの方法をとる解釈学的アプローチもケース・スタディに含まれるという考え方もあり、この点については事例研究法を支持する科学者の科学観に合意は得られていない（沼上 1991a）が、何らかの一般性をもつ知見を得ることを完全に諦め、個別事例で見られた現象の意味了解のみを志向する立場を採用するという点で、ここでいうケース・スタディと区別して次節でとりあげることとする。
51　例えば、Eisenhardt（1989）。
52　Bonoma（1985）。
53　Leonard-Barton（1989）、Tsoukas（1989）。
54　古田（1968）。

Ⅱ　マーケティング理論発見の方法論

域では、比較を通じての概念の発見・探索が不可欠である。一方、複数事例によるケース・スタディでは、対象事例のサンプリング方法という課題が新たに生じてくる。

　対象事例のサンプリング方法は、個別ケース・スタディにおける一般化をいかに確保するかという問題に密接に関係している。個別ケース・スタディにおける一般化に関しては、未だ十分説得できる説明はなされておらず[56]、帰納的に導出された小さい典型から大きな典型をいい表すことであり、厳密には帰納論理のもつ矛盾を抱えている。つまり、いくらサンプリング・データを増やしても、外的な妥当性については確率論的な確からしさが増すだけである[57]。Yin は「追試の論理」、すなわちサンプル数を増やすことによって、ケース・スタディにおける一般化の度合いを高めることを試みている[58]。仮に、確率論的確からしさが増すことを一般化度合いが高いと定義づけるならば、Yin の主張するような「追試の論理」によって、一般化の度合いを高めることは可能である。

　一方、Yin の主張する「追試の論理」は内的妥当性を高めることを目的とするべきで、外的妥当性を高めるために行うべきではない[59]という主張も存在する。Glaser and Strauss は、複数ケースの比較を通じての属性の発見・探求のためには、「理論的サンプリング」が不可欠であり、これは内的妥当性を高めるために行われるものであると位置づけている[60]。Yin の主張する「追試の論理」は、外的妥当性を高めることを目的とするものであり、「理論的サンプリング」と「追試の論理」はよく似てはいるが、両者は明らかに異

55　金井（1990）。
56　沼上（1991a）。
57　無限個の観察によって理論の正しさが立証できるのならば、n 個の観察による理論の確からしさは（n/∞）であり、観察事例をひとつ追加することによって確からしさは（(n+1)/∞）となる。両者を比較して、観察事例をひとつ追加することによって、確からしさが十分に高まると主張することは厳密には適切ではない（赤川 1993）。
58　Yin（1984）。
59　沼上（1991a）。
60　Glaser and Strauss（1967）。

なる目的をもつものである[61]。

　Yin の一般化に対する主張、すなわち「追試の論理」については、個別ケース・スタディに統計的一般化に準ずるような一般化が必要であるかという点が議論の対象にされる。このような一般化は、大量サンプルによるサーベイによって行われる方がはるかに効率的であり、また、経営学のようなマクロ現象の法則が確立可能ではない場合[62]、そもそも統計的一般化に基づく外的妥当性は要求されるべきではないことも指摘される[63]。むしろ、ケース・スタディにおける一般化は、応用する現実での文脈の解釈と、その文脈においてケース・スタディから得られた法則に基づくアナロジーによって実現させることを志向するなどの、統計的一般化以外の一般化を追求することが、ケース・スタディの役割として望ましいだろう。この点に関しては十分な議論がなされてきたとはいえない[64]。

　複数ケース分析の目的を Yin の「追試の論理」では、一般化（外的妥当性）に置いており、「理論的サンプリング」では理論生成に置いているという点が、根本的に異なる。Yin は発見された理論は、追試によってテストされなければならないと主張しており[65]、実証主義に依拠した研究方法を提示しようと試みている。これに関連して Eisenhardt は、ケースの繰り返しによって外的妥当性が強まるが、それは伝統的な仮説検証型の研究における正当化プロセスに類似していると主張する[66]。一方、複数ケース分析の目的を外的妥当性の確保ではなく理論生成に置くならば、理論的サンプリングが複数ケース分析における重要課題となる。統計的一般化に準ずるサンプリングでは、それが仮説や理論命題に依存して行われることは、恣意的に正当化さ

61　金井（1990）。
62　上沼（1991b）、社会科学の場合認識主体が何らかの形で現象に対しコミットしているか、あるいは加担者でありうる。そこでは、完結的法則の発見的努力からは方向性を帯びた解決策を導出することは不可能である、と指摘する。
63　沼上（1995b）。
64　沼上（1991a）。
65　Yin（1984）。
66　Eisenhardt（1989）。

れる恐れがあるため適切ではないが，内的妥当性を向上させるための追加ケースでは、サンプリングは比較対象を得るためのサンプリングであり、注意深く行われなければならない。理論的サンプリングに関しては複数事例によるケース・スタディの成否がかかっており、きわめて重要であることが指摘されてはいるものの[67]、その方法については発展段階にあると考えられる。Glaser and Strauss は、理論を発見するための比較対象集団の選定に際しての基本的基準は、徐々に明らかになってきた諸範疇のさらなる展開に対して比較対象がもつ「理論的関連性」であると主張している[68]。すなわちひとつのケース分析から抽出されてきた範疇に加えて新たな範疇を生み出すか、個々の範疇を関連づけることに役立つようなケース選択が望ましいことが指摘される[69]。Miles は、個別ケース・スタディをはじめとする定性的研究の課題は、分析の方法が未だ形成されていないということを主張するが[70]、今後さらなる研究の蓄積が必要であろう。

3-2. 方法論的複眼

一方、近年定性的研究方法と定量的研究方法を併用すべきであるという主張も多くなされている。金井は定性的方法と定量的方法を併用するという方法論的複眼（methodological triangulation、以下トライアンギュレーション）の実践を試みている[71]。定性的研究は基本的には未知の社会現象の研究には文化や現象の背景にある意味の理解に不可欠であり、それに対して定量的研究は定性的な洞察から浮かび上がってきた諸次元の体系的な理解・記述を助けるとしている。一方、Sieber は参与観察や面接などの定性的フィールドワークと定量的調査法を調和的に用いようと試みている[72]。彼は、定性的フ

---

67 金井（1990）。
68 Glaser and Strauss（1967）。
69 金井（1990）。
70 Miles（1979）。
71 金井（1994）。
72 Sieber（1973）。

ィールドワークが成し得る貢献として、定量的な調査のデザインとデータ収集における調査項目の設定をあげるとともに、調査の分析から得られた統計的分析結果は、定性的方法によって得られた見解に再度照らし合わせることによって、妥当性のあるものにすることができると指摘している。また、佐藤は参与観察、サーベイ、実験などの技法について、各技法固有の長所、短所が存在し「どの技法も社会生活を的確に捉えるために必要なすべての条件を満足するものではない」としてトライアンギュレーションあるいは多元的方法を推奨している[73]。同様に、Bonomaは、内的妥当性と外的妥当性を同時に高めるためにトライアンギュレーションを採用するべきであると主張し[74]、さらに今田は社会の現象を十全に解明しようとすれば、帰納的観察法、仮説演繹法に加えて意味解釈法をすべて用いるしかないことを主張する[75]。このようにトライアンギュレーションという研究方法を推奨する論者は多く存在するが、実際にどのように行われるのかについての説明は十分には提示されていない[76]。

　ここで主張されるトライアンギュレーションは、発見の文脈における多元的方法論を暗に仮定しており、解釈主義アプローチへの定量的研究方法の導入、すなわち定量的研究方法を含めて様々な方法を採用することによって、現実社会の意味解釈を容易にするものとして位置づけられるとみるべきであろう。それに対して、先述のEisenhardtやBonomaの主張する理論生成における定性的方法の有効性の強調は、実証主義的アプローチにおける発見の文脈への定性的研究方法の導入を暗黙のうちに想定していると考えられる。したがって、その後に正当化のプロセスが控えているとみるべきであろう。同じ多元的方法といっても、ベースに置く科学哲学は異なっており、科学哲学との関係の中で多元的方法を採用することの適切性あるいは課題を明らか

73　佐藤（1992）。
74　Bonoma（1985）。
75　今田（1991）。
76　Jick（1979）。

にしなければならない。つまり、トライアンギュレーションあるいは多元的方法の採用を議論するに際しては、研究方法が密接に関連している科学哲学や科学観のレベルに遡って、その是非を議論することが必要不可欠であると考えられる。

4．意味解釈法[77]

意味解釈法は、Diltheyの解釈学に起源をもち、現象学を経由した存在の解釈学によって完成をみたものである[78]。19世紀末から20世紀初頭にかけて社会科学の全体論的、非計量的性格は社会現象の特質に由来するもので、人間の精神、内面を理解する方法として了解や感情移入という方法を採るべきであることが主張された[79]。意味に焦点を当てて現実を解釈的に理解する方法は、相対主義者の有力な方法論として近年広がりをみせており、マーケティング研究分野でも議論されることが多くなっている[80]。

解釈学は、得られた知識の真実が吟味されるような、明確な方法基準が存在していないという点において未だ発展段階であるか、もしくは自己完結的な科学方法論とはみなされえない[81]。しかしながら、そもそも解釈学アプローチでは発見の文脈と正当化の文脈を分離することは可能ではない、あるいは、解釈学は基本的な立場を理解することに目標を置いていることから、正当化という科学領域には入り込めない[82]、正当化のプロセスが自明でないからという理由で解釈主義を非科学的知識として科学の世界から除外すべきではない[83]といった主張も存在する。解釈論的アプローチは、科学哲学とし

---

77 本稿では紙幅の都合上、意味解釈法の詳細については述べないが、マーケティング研究への意味解釈法の導入については、武井（1989, 1990）を参照のこと。
78 今田（1991）。
79 長尾（1971）。
80 例えば、石井（1993b）、武井（1995）参照。
81 例えば、Raffée and Specht（1974）、Deshpandé（1983）。
82 樫原（1986）。
83 石井（1993b）。

第5章　理論生成とマーケティング研究の方法論

ても、また社会科学的実践としても、実証主義を排斥する立場をとるものであるが、そこで排斥されるものは、実証主義の主張する価値と事実の分離についてであり、理解という行為は評価を含んだものとされる[84]。このように解釈学では得られた知識の正当化基準、あるいはそもそも正当化のプロセスが必要なのか否か、に関する合意が得られていないという点が、課題のひとつとしてあげられるであろう。

　一方、Hirschman や石井は解釈学の正当性の基準を提示しようとして、解釈学における発見という限定された領域からの拡大を試みている[85]。Hirschman は、解釈学における正当性基準として、信用性、移転可能性、信頼性、確証性をあげている[86]。これは基本的に論理実証主義者の基準を下敷きとして設定したものと推定され、それぞれ論理実証主義でいうところの内的妥当性、外的妥当性、信頼性、客観性に対応している。一方、石井は Hirschman の正当性基準が余りにも事態を単純化し過ぎていると批判し、主観的了解、解釈学的循環のプロセス、相互理解のプロセスを正当性基準としてあげている[87]。

　科学における目的を有用性あるいは問題解決能力に置くならば、解釈学における最大の焦点は一般化可能性を放棄して良いのかという点に集約される。解釈学は法則論的科学ではなく[88]、批判的相対主義のいうところの科学の目的である一般化に基づく有用性を放棄し[89]、現実の理解にその目的を置くという立場をとる。しかしながら、必ずしも確固たる科学的立場を確立し得ていない現状のマーケティングの立場[90]を考慮すると、一般化可能性あるいは問題解決能力を放棄してしまうことは、一学問分野として社会から受容

84　宮川（1994）。
85　石井（1993b）。
86　Hirschman（1986）。
87　石井（1993b）。
88　Habermas（1970）。
89　石井（1993b）。
90　Anderson（1983）。

され発展していく上で支障になることが予想され、解釈学的立場を唯一の方法論として採用することには課題が残るのではなかろうか。そのように考えるならば、逆に意味解釈法をマーケティング分野にもち込むに際しては、一般化の方向を模索することが不可欠であろう。

さらに、より実際的な問題として、意味解釈法がマーケティング研究に馴染むかどうかという問題もある。マーケティング研究において参与観察を実践しようとするならば、企業の戦略や活動を内部者の視点で意味解釈することも必要となるが、様々な競争的環境の中に置かれている営利を目的とした企業が、そのような観察の場を提供してくれるというケースは極めて限定的かもしれない。あるいは、対象が消費者や非営利組織の場合にのみ有効な方法となりうると考えるべきかもしれない。さらに、そのような観察の場が提供されたとしても、必ずしも発見的な洞察が存在するとは限らないという点も研究を進めていく上での支障になりうるだろう。

第4節　むすびにかえて

マーケティング科学論争は、80年代展開された論理経験主義対相対主義という図式での議論に加えて、理論創造力を強化するという視点に基づく方法論議あるいは理論生成のメカニズムに関する議論が加わりつつあるようである。従来の議論は、論理経験主義では検証可能性あるいは反証可能性を科学たりうる条件としているため、また相対主義では多様な方法を認めるものの、発見の論理は従属的にしか議論されてこなかったといえる。それに対して、発見の文脈において有効とされる個別ケース・スタディや意味解釈法は、一般化を確保するための手続きや正当化基準についての合意が得られていないという点が課題であろう。これまで、多くのマーケティング研究者が依拠してきた論理経験主義に基づけば、このような課題を軽視して無条件にこれらの研究方法を単一の方法論として採用することには課題が残る。しか

しながら，個別ケース・スタディや解釈学的アプローチによる研究が，社会科学の特定分野で業績を残しつつあるのも事実である。どの方法論が単一の方法論として優れているかを議論するよりも，むしろ研究領域あるいは対象ごとにどの方法論が適切であるかを議論するほうが有益であろう。

参考文献

赤川元昭（1993），「科学方法における理論生成と受容のメカニズム」『慶應経営論集』, 11(1), 51-76.

Anderson, P. F. (1983), "Marketing,Scientific Progress,and Scientific Method," *Journal of Marketing*, 47 (4), 18-31.

Bonoma, T.V. (1985), "Case Reseach in Marketing Opportunities, Problems, and a Process," *Journal of Marketing Reseach*, 22 (May 1985), 199-208.

Deshpandé, R. (1983), "Paradigms Lost : On Theory and Method in Research in Marketing," *Journal of Marketing*, 47, 101-110.

Eisenhardt, K.M. (1989), "Building Theories from Case Study Research," *Academy of Management Review*, 14 (4), 532-550.

Feibleman, J.K. (1962), *Philosophy of Science* （竹田加寿雄訳『科学の哲学』法律文化社, 1970年）.

古田光（1968），「科学理論発展の論理」中村秀吉，古田光編著『科学の方法』岩波書店.

Geertz, C. (1973), "Thick Description : Toward an Interpretive Theory of Culture," in Clifford Geertz, *The Interpretation of Cultures*, New York : Basic Books, 1-30.

Glaser, B.G. and A.L. Strauss (1967), *The Discovery of Grounded Theory : Strategies for Qualitative Research*, New York : Aldine de Gruyter.

Habermas, J. (1970), *Zur Logik Der Sozialwissenschften* （清水多吉，木前利秋，波平恒男，西坂仰訳『社会科学の論理によせて』国文社, 1991年）.

Hirschman, E.C. (1986), "Humanistic Inquiry in Marketing Research : Philosophy, Method and Criteria," *Journal of Marketing Research*, 23 (August), 237-249.

Holbrook, M.B. and J.O'Shaughnessy (1988), "On the Scientific Status of Consumer Research and the Need for an Interpretive Approach to Studying Consumption Behavior," *Journal of Consumer Research*, 15, 398-402.

II マーケティング理論発見の方法論

堀田一善編著 (1991),『マーケティング研究の方法論』中央経済社.
Hunt, S.D. (1976), *Marketing Theory : Conceptual Foundations of Research in Marketing*, Grid, 1976.
Hunt, S.D. (1983), *Marketing Theory : The Philosophy of Marketing Science* ; Homewood,IL : Richard D.Irwin.
Hunt, S.D. (1990), "Truth in Marketing Theory and Research," *Journal of Marketing*, 54 (July), 1-15.
Hunt, S.D. (1992), "For Reason and Realism in Marketing," *Journal of Marketing*, 56 (April), 89-102.
Hutchinson, K.D. (1952), "Marketing As a Science : An Appraisal," *Journal of Marketing*, 16 (January), 286-293.
池田清彦 (1995),『科学はどこまでいくのか』筑摩書房.
今田高俊 (1991),「科学とは何か」今田高俊, 友枝敏雄編著『社会科学の基礎』有斐閣.
石井淳蔵 (1993a),「マーケティング科学論争の新しい波」田村正紀・石原武政・石井淳蔵編著『マーケティング研究の新地平』千倉書房.
石井淳蔵 (1993b),『マーケティングの神話』日本経済新聞社.
Jick, Tod D. (1979), "Mixing Qualitative and Quantitative Methods : Triangulation in Action," *Administrative Science Quarterly*, 24, 602-611.
上沼克徳 (1991a),「マーケティング科学哲学論争と相対主義の台頭」堀田 (1991) 所収.
上沼克徳 (1991b),「マーケティング"科学"の含意と行方-パラダイム論のレトリック的援用による評価」,『商経論叢』, 26 (2).
金井壽宏 (1989),「経営組織論における臨床的アプローチと民族誌的アプローチ-定性的研究方法の基礎と多様性を探る」『国民経済雑誌』, 159 (1), 55-87.
金井壽宏 (1990),「エスノグラフィーにもとづく比較ケース分析」『組織科学』.24 (1), 46-59.
金井壽宏 (1994),『企業者ネットワーキングの世界』白桃書房.
樫原正勝 (1986),「科学における相対主義及び反証問題の克服」『三田商学研究』, 28, 159-195.
金顕哲(1993),「マーケティング科学論争と研究方法」『慶應経営論集』, 10(3), 13-24.

Leonard-Barton, D. (1990), "A Dual Methodology for Case Studies : Synergistic Use of A Longitudinal Single Site with Replicated Multiple Sites," *Organization Science*, 1 (3), 249-266.

McClintock, Charles C., D.Barnard, and S.Maynard-Moody (1979), "Applying the Logic of Sample Surveys to Qualitative Case Studies : The Case Cluster Method," *Administrative Science Quarterly*, 24 (December), 612-629.

Miles, M.B. (1979), "Qualitative Data as an Attractive Nuisance : The Problem of Analysis," *Administrative Science Quarterly*, 24, 590-601.

Miles, M.B. and A.M. Huberman (1984), *Qualitative Data Analysis*, Beverly Hills, CA : Sage Publications.

宮川公男(1994),『政策科学の基礎』東洋経済新報社.

Morgan, G.and L.Smircich (1980), "The Case for Qualitative Research," *Academy of Management Review*, 5 (4), 491-500.

中谷宇吉郎(1958),『科学の方法』岩波新書.

長尾龍一(1971),「社会科学の方法」山内恭彦編『現代科学の方法-自然・人間・社会の認識』日本放送出版協会.

沼上幹(1995a),「個別事例研究の妥当性について」『ビジネスレビュー』千倉書房, 42(3), 55-70.

沼上幹(1995b),「経営学におけるマクロ現象法則確立の可能性-個別事例研究の科学としての経営学に向かって」『組織科学』, 28(3), 85-99.

大塚久雄(1966),『社会科学の方法』岩波新書.

大屋忠明(1991),「G. ザルトマンのマーケティング方法論に関する批判的考察」堀田(1991)所収.

Patton, Michael Q. (1978), *Utilization-Focused Evaluation*, Beverly Hills,CA : Sage.

Peter, J.P. and J.C. Olson (1983), "Is Science Marketing?" *Journal of Marketing*, 47 (Fall), 111-125.

Peter, J.P. (1992), "Realism or Relativism for Marketing Theory and Research : A Comment on Hunt's Scientific Realism," *Journal of Marketing*, 56 (April),72-79.

Popper, K.R. (1962), *Conjectures and Refutations*, New York : Harper & Row (藤本隆志他訳『推測と反駁』法政大学出版会, 1980年).

Popper, K.R. (1959), *The Logic of Scientific Discovery*, London : Hutchinson (大

Ⅱ マーケティング理論発見の方法論

内義一,森博訳『科学的発見の論理』恒星社厚生閣, 1971年).

Raffée, H. and G. Specht (1974), *Basiswerturteile der Marketin-Wissenschaft*, in : ZfbF, 26. Jg., 373–398 (清水敏允訳『ラフェー経営学の基本構想』文眞堂, 1985年).

Reichardt, C.S. and T.D. Cook (1979), "Beyond Qualitative versus Quantitative Methods," in *Qualitative and Quantitative Methods in Evaluation Research*, Thomas D.Cook and C.S. Reichardt.eds., Beverly Hills, CA : Sage, 7–32.

榊原研互 (1991),「H. ラフェーの市場志向的経営経済学に対する批判的考察」堀田 (1991) 所収.

佐藤郁哉 (1992),『フィールドワーク』新曜社.

Sieber, S.D (1973), "The integration of Field Work and Survey Methods," American *Journal of Sociology*, 78 (May), 1335–1359.

武井寿 (1989),「マーケティング研究における知識生成の方法－解釈主義の台頭－」『大分大学経済論集』, 40 (6).

武井寿 (1990),「マーケティング研究への解釈学的アプローチ」『日経広告研究所報』129, 74–81.

武井寿 (1995),「マーケティングにおける認識創造の新次元－解釈的マーケティング研究」『早稲田商学』362, 195–225.

Tsoukas, H. (1989), "The Validity of Idiographic Research Explanations," *Academy of Management Review*, 14 (4), 551–561.

塚田朋子 (1991),「S. D. ハントの「メタマーケティング論」における内的矛盾と方法論的問題点」堀田 (1991) 所収. 内井惣七 (1995)『科学哲学入門』世界思想社.

藪内清,石蔵甚平 (1965),『科学史概説』朝倉書店.

Yin, R.K. (1984), *Applications of Case Study Research*, Sage Publications.

Zaltman, G. and T.V. Bonoma (1979), "The Lack of Heresy in Marketing," O.C.Ferrell, s.w. Brown and C.W. hamb eds., *Conceptual and TheoreTical Pevelopments wMarlceting*, Chicago, IL : AMA, 474-484.

第6章 マーケティング研究におけるケース・スタディの方法論

第1節 はじめに

　本章では、ケース・スタディの方法論に関するいくつかのトピックについて議論する。ケース・スタディの代表的な教科書である Yin（1984）の主張を点検しつつ、関連する諸研究をとりあげる。まず第2節ではケース・スタディの定義と類型を提示し、続いて第3節ではデータ収集に先立つ事前の準備について検討する。

　最後に第4節では、従来のケース・スタディの方法論における主要なトピックのひとつであった「ケースから得られる知見の一般化」という論点に関して、現象と文脈を識別する新たな枠組みを提案し、この枠組みを用いて従来の議論の整理を行う。また Yin が提示した「分析的一般化」に替えて、「文脈への一般化」という新たな方法を提示する。

第2節 ケース・スタディの定義と類型

1．ケース・スタディの定義

　ケース・スタディはさまざまに定義されてきた。1930年代末にいくつかの社会学系の学術誌においてサーベイ調査などの量的研究と質的研究とを巡る論争が展開された際、統計的手法などの量的研究方法と対置されて論じられた研究方法は一般に「ケース・スタディ」と呼ばれていた[1]。このことか

ら、当初ケース・スタディは質的研究方法のひとつとして位置づけられていたことがわかる。Bonoma も「ケース・リサーチは質的データを扱い、かつフィールドワークにもとづいて構築される」[2]として、ケース・スタディ（ケース・リサーチ）を質的データにもとづく研究方法として位置づけている。他にも多くの研究者がケース・スタディを質的アプローチのひとつとして位置づけている[3]。これらはいずれも、扱うデータの種類によってケース・スタディを識別するものである。

一方 Leonard-Barton（1990）は、「ケース・スタディとは複数の情報源による証拠から引き出された過去または現在の現象に関する歴史である」[4]とし、Eisenhardt（1989）は「単一の状況設定におけるダイナミズムに焦点を当てる研究方策」[5]と述べた。これらはケース・スタディを研究対象によって識別している。

Yin は、ケース・スタディとは何かという定義は「この本全体にわたるトピック」[6]であるとして明確な単一の定義を提示していないが、「技術的定義」として「とくに現象と文脈の境界が明確でない場合に、その現実の文脈で起こる現在の現象を研究する」[7]ことに適した経験的探求方法であるとし、扱うデータの種類や研究対象によってケース・スタディを識別すべきでない[8]と述べた。

このような Yin の主張にもかかわらず、ケース・スタディの方法について述べた大半の文献において質的データに関する記述が大部分を占めていることに示されるように、現実的にはケース・スタディとは質的データに依拠した研究方法としての性格が強い。またその研究対象は何らかの時間的推移や

1　Mitchell（1983, p.187）。
2　Bonoma（1985, p.199）。
3　Gummesson（2002）、Smith（1989）、Zaltman, LeMasters and Heffring（1982）など。
4　Leonard-Barton（1990, p.249）。
5　Eisenhardt（1989, p.534）。
6　Yin（1984, p.19）。
7　Yin（1984, p.18）。
8　Yin（1984, pp.16-17）。

経緯を伴うものやダイナミズムに関するものが多いように思われる。このような現状に対して、Yin による「技術的定義」は、ケース・スタディの質的データへの依存傾向や、歴史やダイナミズムなどへの着目傾向といった特徴を、研究対象である現象と背後の文脈とが未分化であることの結果としてもたらされるものと構造的に説明できるところが、その利点である。そこで本章では、Yin（1984）が提示した上記の技術的定義を、ケース・スタディの定義として暫定的に採用することにする。

2．ケース・スタディの類型

ケース・スタディには、さまざまな類型が識別されてきた。Eckstein（1975）は政治学の分野で用いられるケース・スタディを「構成・個性記述型」[9]、「理論適用・構成型」[10]、「理論生成型」[11]、「プレテスト型」[12]、「決定的ケース型」[13]の5つのタイプに分類し、ケース・スタディを用いた研究はこれらの順に進められるべきであると主張した[14]。

また Yin（1984）は、「探索的ケース・スタディ」、「記述的ケース・スタ

---

9 Configurative-Idiographic Study：予測や統制ではなく理解を目指して主体の個性を記述する。ケースを理論に照合することには関心がない（pp.96-99）。
10 Disciplined-Configurative Study：理論をケースに当てはめてケースを解釈・説明し、同時に理論へのフィードバックを行う。ケースから理論を構築することは目指さない（pp.99-104）。
11 Heuristic Case Studies：理論構築のためのケース・スタディであり、ひとつ目のケースから仮説を生成し、2番目以降の複数ケースによる比較を通じて当該仮説の修正と検証を繰り返す（pp.104-108）。
12 Plausibility Probes：Heuristic Case Studies によって生成された仮説が本テストに耐えるかどうかの試験的テストを行う段階。競走馬がメジャーレースに参加する前の試走に例えられる（pp.108-113）。
13 Crucial-Case Studies：理論を決定的に確証・反証するケース・スタディであり、よく設計された実験と同様の役割を果たす。ただし理想的な決定的ケースを見つけることは難しいため、次善のケース（「最もありそうな（most-likely）」または「最もありそうもない（least-likely）」ケース）を用いる場合も多い（pp.113-123）。
14 各類型の名称は、Eckstein が提示したそれぞれのケース・スタディの内容に即して訳語をつけた。

ディ」、「説明的ケース・スタディ」の3種に類別した。
　以下では、Yin（1984）による上記の識別類型に関して、さらに若干の考察を加える。

2−1. Yin（1984）における記述的ケース・スタディと説明的ケース・スタディ

　Yin（1984）は、記述的ケース・スタディについて、研究者が「ありのままを語る」ものであり、必要とされる理論、因果的結びつけや分析は、いずれもごくわずかである[15]と述べている。また説明的ケース・スタディについては、説明目的を追求するために用いられる[16]とし、主として「どのように、なぜ」を問う場合に用いられる研究方法として位置づけている。

2−2. Yin（1984）における探索的ケース・スタディ

　これらと対照的に、探索的ケース・スタディについてYinはその明確な定義を提示しておらず、単に「何が」の問題を問う場合に適する研究方法であるとだけ述べている[17]。また、これとは別に説明的ケース・スタディに関しては、「単なる探索（あるいは記述）目的ではなく説明目的を追究するために用いることができる」[18]と述べている。これらから、Yinは説明的ケース・スタディと記述的および探索的ケース・スタディとを対比していることがわかる。すなわちYinによるケース・スタディの識別類型においては、「説明的」か（説明的ケース・スタディ）、そうでないか（記述的ケース・スタディおよび探索的ケース・スタディ）というひとつの軸が存在しているように思われる。
　一方でYin（1984）は、Glaser and Strauss（1967）による仮説創造を目的とするケース・スタディを「探索的ケース・スタディ」として位置付けてい

15　Yin（1984, p.132, ボックス22）。
16　Yin（1984, p.6, ボックス2）。
17　Yin（1984, p.6）。
18　Yin（1984, p.6, ボックス2）。

る[19]。一般に Glaser and Strauss（1967）において提示された「グラウンデッド・セオリー」は、理論構築のための代表的枠組みとして理解されており、説明的な目的をもつ研究方法である。このことから Yin の識別類型においては、「探索的かつ説明的」という類型が存在すると考えることができる。このように Yin が提示したケース・スタディの3つの類型には、相互に重複する部分があり、やや未整理の面があるように思われる。

2-3. 本章における暫定的なケース・スタディの類型

以上の検討で明らかになった Yin によるケース・スタディの識別類型における重複部分については、（1）説明的かそうでないか、および（2）探索的かそうでないか、というふたつの直交する軸が根底において仮定されていたと考えることによって、これを整理することができる。

そこでまず本章では、（1）の軸（説明的かそうでないか）において、説明的ケース・スタディに対比される類型を、以後は記述的ケース・スタディと呼ぶことにする。

次に（2）の軸（探索的かそうでないか）について検討する。探索的（exploratory）という概念に関しては、これを最初に社会科学に導入したのは Glaser and Strauss（1967）であった[20]。Glaser らによって提示されたグラウンデッド・セオリーの方法論においては、事前に確立された仮説や理論をもたずに現場に密着したデータを収集し、そこから理論を浮上させる[21]。「探索的研究」とはこのようなやり方を意味する。したがって探索的ケース・スタディと対比されるケース・スタディの類型があるとすれば、それは事前に明確に確立された仮説や理論をもって開始されるケース・スタディを意味すると考えることができる。このようなケース・スタディは、その仮説や理論を検証することを目的とする[22]。したがって本章では、以後この類型を検証的

19　Yin（1984, p.148）。
20　Stebbins（2001, p.ix）。
21　Glaser and Strauss（1967, p.xi, pp.42-49）。

Ⅱ　マーケティング理論発見の方法論

ケース・スタディと呼ぶことにする。

　すなわち Yin によるケース・スタディの類型においては、（1）探索的か検証的か、（2）記述的か説明的か、という直交するふたつの軸が想定されていたと考えることができる。

　以上から、本章では図表1に示されるようなケース・スタディの類型を暫定的に提示したい。

図表1　ケース・スタディの類型

	探索的	検証的
記述的	（1）	
説明的	（2）	（3）

（1）探索的・記述的ケース・スタディ

　この類型のケース・スタディの目的は、ある現象の原因などを説明することではなく、あくまでもその現象を記述することにある[23]。記述とは、出来事の解釈に立ち戻ったり、なぜそれが生じたのかという説明に戻ったりすることを行わず、ただ描写すること、すなわちストーリーを語ることを意味する[24]。そしてその目標は、さらに探究を進めるための適切な仮説と命題を開発することである[25]。

　（1）の類型では、このような記述的ケース・スタディを、探索的に行う。Yin（1984）は、探索的ケース・スタディの典型的なリサーチ・クエスチョンとは「何が」を問うことであると述べている[26]。また Hage は、「理論

22　Glaser and Strauss（1967, p.37）。
23　坂下（2004, p.23）。
24　Strauss and Corbin（1990, p.35）。
25　Yin（1984, pp.7-8）。

にとりかかるもっとも簡単な方法は、関心のある社会現象を記述するいくつかの理論概念を探索することである」[27]と述べ、ふたつ以上の理論概念を関係づけることによって記述は説明や予測に用いることができるようになる[28]と主張した。このように Hage は、先に見た Eckstein と同様に、探索的・記述的研究を、理論構築のためのケース・スタディの前段階として位置づけている。この立場を支持するならば、「何が」起きているのか、というようなきわめて原初的な問いかけから開始され、いずれは何らかの説明の開発へと進められる研究においては、この類型に識別されたような探索的かつ記述的なケース・スタディから取りかかるのも、ひとつの選択肢であるということができよう。

なお、理論や仮説とは何らかの現象を説明するものであるから、理論や仮説の検証を目的とするケース・スタディが説明的でない（すなわち記述的である）ことはあり得ない。したがって検証的・記述的ケース・スタディという類型は存在しないと考える。すなわち記述的ケース・スタディとしては探索的・記述的ケース・スタディしか存在しない。そこで、以後この類型を本章では「記述型ケース・スタディ」と呼ぶことにする。

（2）探索的・説明的ケース・スタディ

この類型の特徴は、探索的であること、すなわち事前に何らかの前提や確立された命題や仮説をもたずにケース・スタディを開始すること[29]、および説明的であること、すなわち現象における「どのように」、「なぜ」といった説明の開発を目指すこと[30]である。このようなケース・スタディの方法においては、すでに確立された理論（グランド・セオリー）を検証するのではな

---

26 Yin（1984, p.7）。
27 Hage（1972, p.12）。
28 Hage（1972, p.43）。
29 Miles（1979, p.591）。
30 Yin（1984, p.8）。

Ⅱ　マーケティング理論発見の方法論

く、現実のデータと対話しながら浮上してくる現実的な理論（グラウンデッド・セオリー）の構築を目指す Glaser and Strauss (1967) によるグラウンデッド・セオリーの方法論が代表的なものと考えられる。実際に Eisenhardt (1989) は、ケース・スタディの方法論に関する諸研究の中で、理論構築に焦点を当てて論じたものは Glaser and Strauss (1967) を除いてはほとんど見られないと述べている[31]。

そこで、この類型のケース・スタディを「理論産出型ケース・スタディ」と呼ぶ。

(3) 検証的・説明的ケース・スタディ

この類型のケース・スタディでは、理論構築よりも既存の理論の検証に主たる目的を置く。Yin (1984) は、複数のケースによって理論をテストすることを実験になぞらえて「追試」と呼び、複数ケースにおいて追試がなされれば、その理論ははるかに多くの類似のケースにおいて受け入れられると考えることができるため、一般化可能性が高まると主張した[32]。このようなケース・スタディによる理論の検証について述べた研究の例としては、4から10の複数ケース・スタディによる検証が望ましい[33]とした Eisenhardt (1989) をあげることができる。これに対して Dyer and Wilkins (1991) は、Eisenhardt の主張は理論産出を目的とすると表向きは主張しているにもかかわらず、実際には理論の検証に偏った主張である[34]として批判した。

ケースによる理論の検証に関しては、Yin は単一ケースが重要な理論の決定的なテストになり得ることを主張した[35]。また先に見た Eckstein (1975) においても、理論や仮説の決定的テストとなるケース・スタディの類型が示

31　Eisenhardt (1989, p.546)。
32　Yin (1984, p.50, p.61)。
33　Eisenhardt (1989, p.545)。
34　Dyer and Wilkins (1991, p.613)。
35　Yin (1984, p.55, ボックス8)。

されていた[36]。これらの先行研究から、ケース・スタディには、仮説検証または理論のテストを主たる目的とする類型が存在すると考えることができる。無論このような類型もまた、説明的でない（記述的である）ことはあり得ない。そこで、このような類型を検証的・説明的ケース・スタディとして位置づけて図表1の（3）に分類し、これを「理論検証型ケース・スタディ」と呼ぶことにする。

以上より、本章におけるケース・スタディの分類として、図表1の各類型に対して、以下の図表2のように名称を付与することにする。

図表2　ケース・スタディの類型

	探索的	検証的
記述的	記述型 ケース・スタディ	
説明的	理論産出型 ケース・スタディ	理論検証型 ケース・スタディ

なお、本節第2項で見たEckstein（1975）の主張と同様に、以上の類型のケース・スタディを「記述型ケース・スタディ」、「理論産出型ケース・スタディ」、「理論検証型ケース・スタディ」の順に進めることが望ましいと考える。

第3節　ケース・スタディの事前の準備

本節では、ケース・スタディにおけるデータ収集に先立つ事前の理論や仮説の準備についてのトピックをとりあげ、考察する。

36　Crucial-Case Studies（Eckstein 1975, pp.113-123）。

Ⅱ　マーケティング理論発見の方法論

1. 白紙の状態からの理論産出

　ケース・スタディの方法論に関する論点のひとつに、事前の準備をどのように行うかという点がある。この論点について早い時期に明確な立場を表明した Glaser and Strauss（1967）は、研究者が調査に先立ってあらかじめ考案した理論や概念、仮説などをもつことは、現場で得られるデータをこれらの理論に無理矢理あてはめてしまう結果につながるため、理論産出にはデメリットが大きいことを強調し、「調査に先立って概念や仮説における『関連性』を押しつけてくるような、あらかじめ考案された理論などひとつもなしに、ある領域を研究するということもまたできるわけだ（し、われわれはそうすべきと信じている）」[37]と述べた。つまり Glaser らは、理論産出のためにはいわば白紙の状態でデータ収集に臨むことを主張したのである。

　この主張の背景には、社会学における理論検証への過度の偏りに対する危機感と、いわゆる観察の理論負荷性の問題とが、相互に絡み合って存在している。理論負荷性の問題とは、観察結果が観察者の有するアプリオリな知識のコンテクストにおいて翻訳される傾向があること[38]を指しており、この問題に関して Kuhn は、「人間に見えるものは彼が見たものだけではなく、彼の既成の視覚的概念的経験が彼に見るように教えるものによっている」[39]と述べた。理論負荷性の問題に関して Glaser らは、「理論をもって実例の調査にあたる場合には、実例は理論を確認する根拠として用いることができるものだけが選択されてしまい、証拠がないのに証拠があるかのようなイメージがもたらされ、結果として理論が本来はもっていない細部の豊かさを獲得してしまう」[40]と述べ、事前に理論をもって調査にあたる従来の方法に対して痛烈な批判を行った。理論負荷性の問題によって、社会学研究が、より容易

37　Glaser and Strauss（1967, p.46）。
38　Anderson（1983, p.27）。
39　Kuhn（1962, p.127）。
40　Glaser and Strauss（1967, p.6）。

に既存理論の誤った検証に偏ってしまうことに対するGlaserらの大きな危機感をここから読み取ることができる。

2．事前の作業枠組み

以上のようなGlaserらの主張に対して、Milesは実際に何の前提もおかずにデータ収集に取り組むと、大量の無関係で意味のない観察データが産み出されてしまう[41]ことをあげ、フィールドワークの現実的実践におけるリスクとして、Glaserらが主張した理論負荷性の問題よりもこの問題の方がより困難であると述べた[42]。その上でMilesは、データ収集を開始する前に、大まかな作業枠組みを準備することが必要だと主張した。同様に、事前にある程度の枠組みを準備することの必要性を主張したものとして、Bonoma（1985）をあげることができる。Bonomaは、ケース・スタディの開始にあたって、まず現象を大掴みに把握する「ドリフト段階」において、現場にどっぷりと浸かることによって、既存研究や現象に関するアプリオリな考え方を予備的に統合し、より良いパースペクティブを得ることができると述べた[43]。

3．事前の問いと理論開発

3-1．事前の問い（リサーチ・クエスチョン）

このような事前枠組みの準備を主張する立場と、白紙でケース・スタディに臨むべきとする立場とは別に、事前のリサーチ・クエスチョンを用意する

---

41 この問題点に関する同様の懸念は、Eisenhardt（1989, p.536）、Hunt（1976, p.34）、Leonard-Barton（1990, p.261）、Pettigrew（1990, p.281）、Yin（1984, p.32）等にも見られる。中でも「データによる窒息死（death by data asphyxiation）」（Pettigrew, 1990, p.281）という表現は、しばしば引用される。
42 Miles（1979, p.591）。
43 Bonoma（1985, pp.204-205）。

ことの必要性を主張する立場がある。Yin（1981）は、リサーチ開始前に60問程度の自由回答式の質問リストを作成し、研究者がこれに回答を記入しつつケース作成を進める方法を提案した[44]。Eisenhardtもまた、事前にリサーチ・クエスチョンを決めておくことによりリサーチの焦点を定めることが必要であると述べた[45]。しかし他方でEisenhardtは、Glaser and Strauss（1967）に近い立場をとり、あらかじめ理論や仮説をもたない理想的なクリーンな状態でリサーチをスタートすることがもっとも重要である[46]と述べている。このことからは、事前のリサーチ・クエスチョンを準備することと、事前に何らかの仮説や理論を準備することとを、Eisenhardtは明確に識別していたことがわかる。

3-2. 事前の理論開発

Yin（1984）は、上に述べたYin（1981）の60の事前の質問の主張をさらに進めて、ケース・スタディにおいてデータ収集に先立つ理論開発は不可欠のステップであるとし、研究対象に対する理論命題を包含する完全なリサーチ設計を準備すべきと述べ、厳密でシステマティックなケース・スタディの方法論を提示した[47]。

4．本節の結論

以上に見てきたように、ケース・スタディのデータ収集に先立ってどの程度の事前の準備を行うかという点に関しては、一見論者により意見はさまざまであるように思われる。この点に関して、以下のふたつの点を指摘しておきたい。

44　Yin（1981, p.60）。
45　Eisenhardt（1989, p.536）。
46　Eisenhardt（1989, p.536）。
47　Yin（1984, pp.39–40）。

4-1. Glaser and Strauss (1967) におけるシンボリック相互作用論の影響

第一に、Glaser and Strauss (1967) が提唱したグラウンデッド・セオリーの方法論におけるシンボリック相互作用論の影響という点である。Strauss は、1960年代半ば以降の最も代表的なシンボリック相互作用論者の一人であり[48]、Strauss 本人もシンボリック相互作用論を自らの出自として認めている[49]。

シンボリック相互作用論の基本的な前提は、「(1) 人間は、ものごとが自分に対してもつ意味にのっとって、そのものごとに対して行為する。(2) このようなものごとの意味は、個人がその仲間と一緒に参加する社会的相互作用から導き出され、発生する。(3) このような意味は、個人が自分の出会ったものごとに対処する中で、その個人が用いる解釈の過程によって扱われたり、修正されたりする」[50]というものである。グラウンデッド・セオリーの方法論を用いる研究者は、話し手がインタビューをどう意味づけるかによって、またインタビューの場における話し手と聞き手との相互作用の状態によって、得られるデータの内容は異なるという立場に立ってデータ収集や分析を行うが[51]、この立場が基本的にシンボリック相互作用論の前提に沿ったものであることは明白である。

すなわち、白紙の状態で現場に臨むことを推奨した Glaser and Strauss であったが、実際には彼らはシンボリック相互作用論という確固とした理論枠組みを背負って現場に臨んでいたと考えることができる[52]。

このことは、マーケティング研究へのグラウンデッド・セオリーの応用を検討する上では重要である。グラウンデッド・セオリーの方法論の現在の主

---

48 藤澤 (1995, p.61)。
49 森岡 (1999, p.364)。
50 Blumer (1969, p.2)。
51 戈木グレイヒル (2005, p.22)。
52 ただし Strauss は、グラウンデッド・セオリーにもとづく研究を行うために、必ずしもシンボリック相互作用論者である必要はないと繰り返し主張している(森岡 1999, p. 364)。

II マーケティング理論発見の方法論

要な実践領域は、社会福祉、介護福祉、地域看護、老人看護、作業療法、臨床心理、学校保健、保健医療社会学であり[53]、特に看護学を中心とした領域では近年このアプローチにもとづく研究が増加傾向にある[54]。しかし他方では、これら以外の領域ではこのアプローチにもとづくめぼしい研究が見あたらないこと[55]や、Strauss 自身が医療社会学の代表的な研究者であったこと[56]を考え合わせれば、グラウンデッド・セオリーという方法論は、主として患者や医師に対するインタビューによって収集したデータの分析を通じて理論を産出するという方法をとる看護研究の分野にこそ、もっともよくあてはまる研究方法である可能性がある。

このことが、ただちにマーケティング領域におけるケース・スタディにおいて、この方法論が適さないことを意味するわけではないとしても、少なくともわれわれは、Glaser らが述べた「白紙の状態」でデータ収集を開始するのが理想的という表現を、そのまま額面通りに受け取るべきではないと考える。

4-2. 事前の準備と単一ケースおよび複数ケース

第二に、本節で検討したデータ収集に先立つ事前の準備についての諸見解のうち、事前の準備を否定する立場に関しては、これが単一ケースによるケース・スタディを実施する場合にのみあてはまる議論であるという点である。なぜなら、複数ケースによるケース・スタディを行う場合には、最初に実施されたひとつ目のケース・スタディにおいて得られた何らかの示唆や発見が、2 番目以降に実施されるケース・スタディにおける仮説やリサーチ・クエスチョンとして反映されるのであり[57]、したがって 2 番目以降に実施さ

---

53 木下 (2005, p.17)。
54 森岡 (1999, p.365)。
55 佐藤 (1992, p.74)。
56 藤澤 (1995, p.61)。
57 もしこのように反映させずに、すべてのケース・スタディを白紙の状態から開始する

れるケース・スタディにおいては、事前の仮説やリサーチ・クエスチョンは必然的に準備されていることになるからである。

4-3. まとめ

　以上のふたつの論拠から、本章では白紙の状態でデータ収集に臨むべきとする見解については、これを採用しない。そもそもマーケティング研究においてケース・スタディを実施する場合には、「なぜこの商品はこんなに売れたのか」、「なぜこの企業は短期間にこれほど売上げを伸ばしたのか」など、少なくとも何らかの漠然としたリサーチ・クエスチョンが設定されている場合が多いと思われる。さらにいえば、単なる漠然としたリサーチ・クエスチョンのみならず、「顧客とのリレーションシップが巧みに構築されているから、この商品はこれほど売れたのではないか」[58]などの、何らかの大まかな仮説（理論言明[59]）をもってケース・スタディに臨むことも多いであろう。

　このような現実面から考えても、そして本章で検討した方法論の側面から考えても、マーケティング研究におけるケース・スタディの実施に際しては、事前に何らかの大まかな仮説や作業枠組み、または漠然としたリサーチ・クエスチョンなどを準備してからデータ収集に臨むことが妥当であると思われる。

　のであれば、複数ケースによるケース・スタディを実施する意味がないであろう。
58　この例は因果的説明（Hunt 1976, pp.90-96）である。
59　Hage（1972, pp.43-44）。ここでHageは、理論言明とはふたつ以上の概念を関係づけて説明や予測に関する言明としたものであり、仮説とは確証されていない理論言明であると述べている。

Ⅱ　マーケティング理論発見の方法論

第4節　ケース・スタディからの一般化

1．ケースの典型性による一般化と論理による一般化

1-1．ケース・スタディからの一般化に関する議論

　1930年代から社会学者たちの間ではたびたびケース・スタディの方法論に関する議論が展開されてきたが[60]、この議論においてケース・スタディの方法を用いた研究に関する根本的な問題とされた点は、単一の事例からの一般化をどのように正当化するのかという問題であった[61]。この問題は当時「ケースの典型性の問題」としてしばしば表現された[62]。すなわち、ケース・スタディから得られた知見は、そのケースが「典型的」でない限り、他のケースに関して有効とはいえないという指摘が、長らくケース・スタディに対して提出されてきたのである[63]。

　このような、ケース・スタディからいかにして一般化可能な推論を導き出すことができるかという論点に関して、中心的な関心を寄せたのが Znaniecki (1934) や Robinson (1951)、Mitchell (1983)、Silverman (1985) らであった[64]。ケース・スタディの手法を用いる研究者に対してしばしば投げかけられる「選択されたケースが代表的なものであるかどうかをどのようにして知るのか」という質問[65]に対して、Mitchell は「統計的推論」と「論理的推論」とを対比した上で、ケース・スタディでは後者の推論を用いるべきとして回

60　Mitchell (1983, p.187)。
61　Smith (1989, p.55)。
62　Mitchell (1983, p.189)。
63　Smith (1989, p.55)。
64　Znaniecki や Robinson は、ケース・スタディというよりも社会学全般において、分析対象から得られた知見をいかにして一般化するかについて考察している。その際に、社会学の分析対象として「事例」を多くの箇所でとりあげているため、Mitchell は彼らをケース・スタディの方法論者として引用している。
65　Mitchell (1983, p.188)。

第6章　マーケティング研究におけるケース・スタディの方法論

答した[66]。すなわち Mitchell は、「ケースの代表性」という問いは統計的推論を前提としたものであるが、ケース・スタディには論理的推論を用いるべきであるから、ケース・スタディに対してこのような質問を投げかけること自体が誤りであると主張したのである。

1-2. Znaniecki（1934）の「分析的帰納」

　Mitchell が以上の主張を展開する上で依拠した Znaniecki（1934）は、早い時期に「列挙的帰納」（およびこの方法の改良版としての「統計的方法」）と「分析的帰納」を対比した上で、社会学において知見を一般化するには、従来唯一の社会学的方法として用いられてきた列挙的帰納[67]ではなく、分析的帰納の方法を用いるべきと主張した[68]。Znaniecki によれば、列挙的帰納とは事前にある論理的種類を定義し、その定義にあてはまる多くの事例に共通した知見を見いだそうとする方法である[69]のに対して、分析的帰納とは少数の事例を徹底的に分析した上で、そこから得られる知見を抽象化し、これらの事例がいかなる論理的種類を代表しているのかを考察する方法である[70]。Znaniecki は、「（分析的帰納とは）所与の具体的事例から本質的な性格を抽象して、それを一般化し、本質的である限りそれらの性格は多くの事例においても類似しているにちがいない、というふうに推定するのである」[71]と述べ、社会学における知見の一般化の方法は、分析対象の事例の典型性によるのではなく、事例から引き出された特性が当該事例において本質的であるか

66　Mitchell（1989, pp.197–200）。
67　伊勢田（2003）によれば、列挙的帰納（枚挙的帰納）の方法は「厳格な帰納法」とも呼ばれ、18世紀頃にはこれぞまさに科学の方法と考えられていた（p.25）。
68　Robinson（1951）は、逸脱事例の検討を通じて当初の仮説を修正していくプロセスにおいては、分析的帰納と列挙的帰納との間で違いがないとして、Znaniecki の議論には混乱があると批判した（pp.813–814）。
69　Znaniecki（1934, pp.185–189）。ここで Znaniecki は、列挙的帰納の方法からは事前の定義に暗黙的に含まれていた性格以上のものを発見することは困難であるとして批判している（pp.187–188）。
70　Znaniecki（1934, pp.190–199, pp.209–277）。
71　Znaniecki（1934, p.211）。

Ⅱ　マーケティング理論発見の方法論

どうかによると主張した[72]。

1-3. Mitchell (1983) の「論理的推論」

　以上の Znaniecki の主張を引いた上で、Mitchell は統計的推論と論理的推論とを以下のように説明した。すなわち、統計的推論においては、サンプルは完全に無作為に選択される手続きにしたがうことによって母集団を代表するサンプルとなり、そこにおいて得られた知見が母集団に反映される。これに対して論理的推論においては、ふたつの概念の間のロジカルな関係に関する推論は、サンプルの代表性にもとづくのではなく、サンプルにおける概念間の関係に関する説得力や論理性にもとづいて行われる[73]。例えば「年齢」と「結婚」との間の関係を、統計的推論では両者のデータ間の相関関係から推論する[74]のに対して、論理的推論においては両者間の関係を例えば通常のライフサイクル・プロセスにおける年齢と結婚に関する実態などから考える。Mitchell は、このように2種類の推論を対比させた上で、ケース・スタディから得られた知見を一般化するための推論は後者のタイプであると主張した[75]。

　Silverman は、このような Mitchell の主張を支持し、ケース・スタディからの一般化が可能なのは、根底にある理論が適切で、そのケースに説得力がある場合である[76]と述べた。同様に Worsley らは、「(ケース・スタディにおける) 一般妥当性は、その分析対象のケースが同じ種類の他のケースにおい

72　Znaniecki (1934) は、ある特定の具体的事例を分析した結果、その事例から得られた特性が当該事例において本質的である場合には、その特性は同じ種類の他の事例全体に共通したものであると考えることができると述べている (p.212)。しかし Robinson (1951) は、特性が本質的かどうかを識別することは一般に困難であるとして、本質的かどうかという点に依存する Znaniecki の方法論を批判した (pp.817–818)。
73　Mitchell (1983, p.198)。
74　ここは正確には、サンプルにおける両者間の相関関係の有意性から母集団について推測するというべきであろう。
75　Mitchell (1983, p.200)。
76　Silverman (1985, p.114)。

て代表的かどうかによるのではなく、その分析におけるロジックのもっともらしさによる」[77]と述べている。本章では、このような論理的推論にもとづく一般化を、以後「論理による一般化」と呼ぶことにする。

2．統計的一般化と分析的一般化

　Yin は、ケース・スタディから得られた知見を一般化するプロセスを「分析的一般化」(または「理論への一般化」) と呼び、Mitchell 等と同様に「統計的一般化」と対比させた。具体的には Yin は実験のメタファーを用い、科学的実験において実験結果を理論に一般化するのと同様に、ケース・スタディにおいても得られた発見物は理論に一般化されるべきであるとし[78]、その手法として、追試の論理（ふたつ以上のケースが同じ仮説や理論を支持すること[79]）を用いて、複数の類似のケースにおいて発見物のテストを繰り返す方法を提案した。このようなテストを繰り返すことを通じて、発見物は実際に追試を行ったいくつかのケースを超えて、はるかに多くの類似したケースにおいて受け入れられるだろうと Yin は主張し[80]、ケース・スタディを用いた研究の外的妥当性を高める方法として、このような一般化の方法を分析的一般化と呼んだ。

　この分析的一般化という考え方は、ケース・スタディの方法論に関心を寄せる近年の多くの研究者によって支持されている[81]。

77　Worsley, Fitzhenry, Mitchell, Morgan, Pons, Roberts, Sharrock and Ward（1970, p. 120）。
78　Yin（1984, p.43）。
79　Yin（1984, pp.43-44）。
80　Yin（1984, p.50）。
81　Eisenhardt（1989）、Miles and Huberman（1994）、坂下（2004）など。

Ⅱ　マーケティング理論発見の方法論

3．批判的検討

3-1．ケースにおける現象と文脈

　ここで本章では、ケース・スタディにおいて、（1）そこで取りあげられる現象と、（2）その現象を取り巻く文脈、とを識別して議論する枠組みを導入したい。すでに本章第2節で見たように、ケース・スタディとは、現象と文脈とが一体不可分である状況に適した研究方法なのであるから、本来ケースにおける現象と、これを取り巻く文脈とを識別することは困難であると思われる。しかしここではこれ以降の議論を整理するために、あえてこのような枠組みを導入する。なお、ここではケース・スタディにおける文脈とは、「それぞれのケース・スタディにおける分析単位を規定する特性または構造」[82]と定義する。Sjoberg らは、この例として、特定の個人、コミュニティ、組織、国、文明、などをあげている[83]。マーケティング研究の場合には、これら以外に特定の企業やプロジェクト、製品、業界、意思決定、などが含まれるであろう。

　なお、現象と文脈とを識別して議論する本章の枠組みは、Pettigrew が提唱する「文脈主義の方法論による時系列比較ケース分析」[84]の枠組みに立場が近い。Pettigrew は、文脈主義（contextualist）の考え方をケース・スタディに導入し、まず文脈に埋め込まれた現象を全体的に捉えた上で、次にその現象と文脈との間の相互関係を分析し、最終的には当該文脈条件の下での当該現象に関する因果関係を理解することを目指すとしているが[85]、本章で提案するケース・スタディの方法論においてもこれと同様に、現象と文脈との関連に留意しつつ、文脈から現象を識別する。すなわち、当初文脈と現象と

82　Sjoberg, Williams, Vaughan and Sjoberg（1991, p.36）。
83　Sjoberg, Williams, Vaughan and Sjoberg（1991, p.36）。
84　"a research strategy incorporating the longitudinal comparative case method underpinned by a contextualist theory of method"(Pettigrew, 1990, p.271)。
85　Pettigrew（1990, p.269）。ただし Pettigrew がこの方法論によって捉えようとした現象は、何らかの「変化」に限定されていた。

第6章 マーケティング研究におけるケース・スタディの方法論

を一体のものとして包括的に捉えるところからケース・スタディを開始し、最終的には当該現象を説明する仮説を、当該仮説を取り巻く文脈条件から識別して特定することを目指すものである。

3-2. 論理による一般化と分析的一般化

この枠組みを用いて考察すると、Yin が提示した「分析的一般化」と、それより以前の Mitchell らによる「論理による一般化」とは、焦点が異なる概念であるように思われる。なぜなら、Mitchell らによる「論理による一般化」の概念が、ケースから得られた仮説自体の論理の説得力に焦点を当てる[86]のに対して、Yin が提示した「分析的一般化」とは、複数の類似ケースを用いてテストを繰り返すことを通じて仮説があてはまる対象ケースを拡げていくプロセスであることから推察されるように、仮説自体の説得力よりも、その仮説の「あてはまり」、つまり仮説を取り巻く文脈の方に焦点を当てるからである。

Mitchell（1983）があげた例を用いれば、「論理による一般化」においては、「なぜ年齢が上がるほど既婚率が上がるのか」のように、年齢と結婚とを結びつけるロジックに焦点を当て、その説得力が高いほど仮説の一般化可能性が高いと考えるのに対して、「分析的一般化」では、年齢が上がるほど既婚率が上がるという現象が観察される他の複数ケースを探して比較しながら、「どのような状況では年齢が上がるほど既婚率が上がるのか」という分析を続ける。すなわち仮説が成立する文脈条件に焦点を当てるのである。

したがって、Yin が言うところの「追試」に用いられる「特定の現象が発見される条件」を有するケース[87]とは、現象を取り巻く文脈条件が類似したケースを意味していると考えられる[88]。つまり Yin が主張した「分析的一般

---

[86] 先に検討した Znaniecki による分析的帰納は、事例から得られた知見の本質性に着目するが、知見を取り巻く文脈より知見自体に着目することから、「論理による一般化」に近い立場であると思われる。

[87] Yin（1984, p.63）。

化」のプロセスとは、文脈において類似した複数のケースを用いて仮説のテストを繰り返すことによって、当該仮説があてはまる文脈条件についての知識を蓄積・洗練させていくプロセスである[89]と考えることができる。

3-3. 代表的ケースと逸脱的ケース

すでに見たように、ケース・スタディからの一般化の可能性をめぐる議論においては、長らくこの問題はケースの代表性(または典型性)の問題として定位されてきた。

この問題に関して沼上は、「代表性の高い事例を選択することによって(ケース・スタディの)外的妥当性を高めることは可能であろうが、この外的妥当性の向上は極端事例から得られる理論創出や発見の重要性とは相容れないものである」[90]と述べ、代表的なケースからは新たな発見がもたらされる可能性が少ないとして批判した。実際に、PettigrewやSjobergらのように、ケース・スタディにおいて逸脱的で極端なケースこそ取りあげられるべきであると主張する論者も多い[91]。

しかし、本章が提示する枠組みの見地からは、このようなケースの「代表性」や「逸脱性」に関する議論は、それがケースの現象や仮説に関しての議論なのか、あるいはケースの文脈に関しての議論なのかが十分に整理されてこなかったために、やや混乱していると評価される。

例えば、古くから議論されてきた「ケース・スタディの外的妥当性を高め

---

88 例えば「類似した近隣」(Yin 1984, p.50) という表現は、「紳士化」という現象が観察されるケースに関して、その背後の文脈条件において類似するケースを意味すると思われる。
89 ただし、もちろんこの間に仮説自体に対しても修正と検証を加えていく (Yin 1984, p.149)。
90 沼上 (1995, p.62)。
91 逸脱的または例外的なケースを選択するべきとする同様の主張は、Eckstein (1975, pp.119-120)、Mitchell (1983, pp.203-204)、Pettigrew (1990, pp.275-276)、Robinson (1951, pp.813-814)、Silverman (1985, pp.21-22, p.140)、Sjoberg, Williams, Vaughan and Sjoberg (1991, pp.61-63)、Znaniecki (1934, p.240) 等にも見られる。

るために代表的ケースを選択すべき」という主張については、この場合の代表性とは当該ケースの文脈に関わるものであると思われる。なぜなら文脈条件の代表性が高いほど、そのケースから得られた知見は、多くの類似文脈のケースにおいて当てはまる可能性が高いからである。反対に文脈条件が逸脱的であるケースについては、その外的妥当性は低いであろう。

他方で沼上が述べた「代表的ケースからは発見が期待できない」という批判における代表性とは、そのケースにおける現象、またはその現象から得られる仮説に関わるものであると考えられる。なぜなら現象が代表的であるケースとは、要するによくある現象をとりあげたものであり、そこから新たな発見や仮説が産み出されることは期待できないと思われるからである。これとは逆に、現象や仮説が逸脱的であるケース（例：異常な売上げを見せた新製品、など）からは、新たな発見がもたらされる可能性がある。

つまり「代表的ケースでなければ知見を一般化できない」という見解と、「逸脱的ケースでなければ新たな発見が期待できない」という見解とは、前者が文脈に関する指摘であり、後者が現象または仮説に関する指摘であると考えれば、相互に矛盾はしないのである。

以上の議論は、図表3のように整理される。ケースにおける代表性と逸脱性の議論は、現象から得られる仮説と、その背後の文脈条件とを以上のように識別して検討することによって、若干の整理がなされるように思われる。

図表3　代表的ケースと逸脱的ケース

	代表的	逸脱的
現象	×	発見可能性
文脈	一般化可能性	×

3-4. ケース・スタディからの一般化

　以上に提示した観点からは、Yin が提示し、多くの研究者が支持している「分析的一般化」という概念には、内容においてなお不明な部分がある。例えば Yin は、「どのようにしてケース・スタディを理論に一般化することができるか」[92]として、ケース・スタディからの一般化の方法を、ニューヨークの都市計画に関する単一ケースを例にあげて説明している。Yin によれば、このケースはニューヨークでの経験のみにもとづいて作成されたものだったにもかかわらず、舗道や公園の役割、施設や街区の必要性、スラム化など、都市計画に関するより広い理論的課題を扱っていたために、他の都市におけるケースを検討するための媒介物となり、その理論は都市計画の分野での重要な貢献を果たしたという。

　しかしすぐにわかるように、このニューヨークのケース・スタディで得られた仮説が他の都市においても当てはまるか否かは、その仮説の内容に対して（1）「ニューヨークであること」という文脈条件がどの程度の影響を及ぼしているか、および、（2）他の都市の文脈条件がニューヨークとどの程度類似しているか、というふたつの要因に依存する。

　例えば「ニューヨークでは舗道を拡充したら交通事故が減少した」という現象が観察された場合には、そこから産み出される「舗道を拡充すると交通事故が減少する」という仮説に対して、「ニューヨークであること」という文脈条件がどの程度影響を及ぼしているか、という検討がなされなければならない。この場合、もし仮説に及ぼす文脈条件の影響が小さければ、その仮説は他の多くの都市に当てはまる可能性が高いし、逆に「ニューヨークであること」という文脈条件と仮説が密接に関連していれば、その仮説はニューヨークと類似の文脈条件を有する都市のみに当てはまるであろう。

　さらに、この議論はただちに「ニューヨークであること」という文脈条件とは、この都市がもつさまざまな特性のうちのどの要因に規定されるのか、

92　Yin（1984, p.51, ボックス 7）。

という分析の必要性につながる。文脈条件（例：ニューヨークであること）を規定する要因（例：運転が非常に荒い）が特定されれば、類似の要因を有する文脈に置かれているケース（例：上海）には、当該仮説があてはまる可能性が高い。したがって、もし類似の文脈に置かれたケースが多数存在する場合には、それらのケース群の範囲において、当該仮説を一般化できる可能性が高い。

このように、ケース・スタディから得られた仮説を一般化するためには、仮説と文脈とを識別して議論することが重要であると本章では考える。しかしYinは「分析的一般化」に関してその詳細を述べていないため、上記のニューヨークの単一ケースの例によっても、依然として「どのようにしてケース・スタディを理論に一般化することができるか」は、実際のところ明確になってはいない。

沼上は、このようなYinの「分析的一般化」の概念に対して、内的妥当性（ある事例で観察された現象を説明できる他の代替的な理論が排除されている程度[93]）を高めるものではあっても外的妥当性を高めるものとはいえない[94]として批判したが、Yinによって分析的一般化の概念が十分に説明されていない以上、このような批判を避けることはできないと思われる。

しかし本章で提示した枠組みによって、分析的一般化を「ケースにおいて得られた仮説を、類似の文脈条件を有する他のケースに一般化すること」と解するならば、分析的一般化のプロセスはケース・スタディの外的妥当性を高めるために有効であると主張することも部分的には可能であろう。

本節のここまでの考察をまとめれば、ケース・スタディからの知見の一般化を巡って従来提出されてきたふたつの代表的な立場である「論理による一般化」と「分析的一般化」とは、前者が現象に関する仮説の説明力に焦点を当てる一方で、後者は現象の背後にある文脈の類似性に焦点を当てる概念で

93　沼上（1995, p.56）。
94　沼上（1995, p.63）。

あると位置づけることができる。また、ケース・スタディから得られた知見を一般化するためには、図表3に示したようにこの両方ともが必要であると要約することができる。

4．本章におけるケース・スタディの位置づけと「文脈への一般化」

本章の検討を踏まえて、われわれはケース・スタディとは以下のような研究方法であるという暫定的な結論に達する。

「ケース・スタディとは現象と文脈とが不可分である状況において適する研究方法である。ケース・スタディには、記述型ケース・スタディ、理論産出型ケース・スタディ、理論検証型ケース・スタディがあり、この順に研究を進めることが望ましい。これらのうち理論産出型ケース・スタディの実施プロセスにおいては、まず現象と文脈とを一体のものとして捉え、次に現象と文脈との相互関係を分析し、次いで現象を説明する仮説と文脈条件との関係を理解した上で、その文脈条件を規定する要因を特定し、最終的には類似の文脈条件を有する他のケースへ仮説を一般化する。」

以上のうちで、最後に述べた「類似の文脈条件を有する他のケースへの仮説の一般化」のプロセスは、ケース・スタディからの知見の一般化の問題に対して本章が提示するひとつの回答であり、内容の詳細が不明なYinの「分析的一般化」を、本章の枠組みを用いて補足・修正したものである。本章ではこれを、「文脈への一般化」と呼ぶことにする。

第5節　むすびにかえて

ケース・スタディの方法論に関しては、本章で取りあげた論点以外にも、

第6章 マーケティング研究におけるケース・スタディの方法論

単一ケースと複数ケースの問題やケースの分析単位に関する論点、データ分析の方法、理論産出の方法、などの多くの重要な論点がある。これらについては、字数の制約のために本章では取りあげることができなかったが、いずれもケース・スタディという研究方法を適切に運用するためには非常に重要な論点である。これらについては、またいずれかの機会に稿を改めて論じてみたい。

参考文献

Alam, Ian (2005), "Fieldwork and data collection in qualitative marketing research," *Qualitative Market Research: An International Journal*, 8(1), 97-112.

Anderson, Paul F. (1983), "Marketing, Scientific Progress, and Scientific Method," *Journal of Marketing*, 46, 18-31.

Blumer, H. (1969), *Symbolic Interactionism: Perspective and Method*, Englewood Cliffs, NJ: Prentice Hall(後藤将之訳『シンボリック相互作用論-パースペクティブと方法』勁草書房,1991年).

Bonoma, Thomas V. (1985), "Case Research in Marketing: Opportunities, Problems, and a Process," *Journal of Marketing Research*, 22, 199-208.

Dyer, W. Gibb Jr. and Alan L. Wilkins (1991), "Better Stories, Not Better Constructs, To Generate Better Theory: A Rejoinder to Eisenhardt," *Academy of Management Review*, 16(3), 613-619.

Eckstein, Harry (1975), "Case Study and Theory in Political Science," in Fred I. Greenstein and Nelson W. Polsby (Eds.), *Handbook of Political Science*, vol. 7: Strategies of Inquiry, Reading, MA: Addison-Wesley, 79-137.

Eisenhardt, Kathleen M. (1989), "Building Theories from Case Study Research," *Academy of Management Review*, 14(4), 532-550.

藤澤三佳(1995),「現代のシンボリック相互作用論者-A・ストラウス」『シンボリック相互作用論の世界』船津衛,宝月誠編,恒星社厚生閣,61-72.

Glaser, Barney G. and Anselm L. Strauss (1967), *The Discovery of Grounded Theory: Strategies for Qualitative Research*, Chicago, IL: Aldine(後藤隆,大出春江,水野節夫訳『データ対話型理論の発見』新曜社,1996年).

Gummesson, E. (2002), "Relationship marketing and a new economy: it's time for de-programming," *Journal of Service Marketing*, 16 (7), 585-589.

Ⅱ　マーケティング理論発見の方法論

Hage, Jerald (1972), *Techniques and Problems of Theory Construction in Sociology*, New York, NY: John Wiley and Sons（小松陽一，野中郁次郎訳『理論構築の方法』白桃書房，1978年）.

Hunt, Shelby D. (1976), *Marketing Theory: Conceptual Foundations of Research in Marketing*, Columbus, OH: Grid Publishing（阿部周造訳『マーケティング理論－マーケティング研究の概念的基礎』千倉書房，1979年）.

伊勢田哲治（2003），『疑似科学と科学の哲学』名古屋大学出版会.

木下康仁（2005），「序章」『分野別実践編グラウンデッド・セオリー・アプローチ』木下康仁編，弘文堂，15-22.

Kuhn, Thomas S. (1962), *The Structure of Scientific Revolutions*, Chicago, IL: University of Chicago Press（中山茂訳『科学革命の構造』みすず書房，1971年）.

Leonard-Barton, Dorothy (1990), "A Dual Methodology for Case Studies: Synergistic Use of A Longitudinal Single Site with Replicated Multiple Sites," *Organization Science*, 1(3), 248-266.

Miles, Matthew B. (1979), "Qualitative Data as an Attractive Nuisance: The Problem of Analysis," *Administrative Science Quarterly*, 24(4), 590-601.

Miles, Matthew B. and A. Michael Huberman (1994), *Qualitative Data Analysis: An Expanded Sourcebook*, 2nd ed., Thousand Oaks, CL: Sage.

Mitchell, J. Clyde (1983), "Case and Situation Analysis," *The Sociological Review*, 31, 187-211.

森岡崇（1999），「グラウンデッド・セオリーがワクワクするのはなぜ？」，Strauss, Anselm and Juliet Corbin(1990), *Basics of Qualitative Research: Techniques and Procedures for Developing Grounded Theory*, 2nd ed., Thousand Oaks, CA: Sage Publications（操華子，森岡崇訳『質的研究の基礎：グラウンデッド・セオリー開発の技法と手順第2版』医学書院，1999年，361-374）.

沼上幹（1995），「個別事例研究の妥当性について」『ビジネスレビュー』42(3)，55-70.

Pettigrew, A. M. (1990), "Longitudinal Field Research on Change: Theory and Practice," *Organization Science*, 1(3), 267-292.

Robinson, W. S. (1951), "The Logical Structure of Analytic Induction." *American Sociological Review*, 16, 812-818.

戈木グレイヒル滋子（2005），『質的研究方法ゼミナール：グラウンデッド・セオ

リー・アプローチを学ぶ』医学書院.
坂下昭宣(2004),「エスノグラフィー・ケーススタディ・サーベイリサーチ」『国民経済雑誌』190(2), 19–30.
Silverman, David (1985), *Qualitative Methodology and Sociology : Describing the Social World*, Aldershot, UK : Gower.
Sjoberg, Gideon, N. Williams, T. R. Vaughan and A. F. Sjoberg (1991), "The Case Study Approach in Social Research," in Joe R. Feagin, Anthony M. Orum and Gideon Sjoberg (Eds.), *A Case for the Case Study*, Chapel Hill, NC : The University of North Carolina Press, 27–79.
Smith, N. Craig (1989), "The Case Study : A Vital Yet Misunderstood Research Method for Management," in Roger Mansfield (Ed.), *Frontiers of Management*, New York, NY : Routledge, 50–64.
Stebbins, Robert A. (2001), *Exploratory Research in the Social Sciences : Qualitative Research Methods*, Thousand Oaks, CA : Sage Publications.
Strauss, Anselm and Juliet Corbin (1990), *Basics of Qualitative Research : Techniques and Procedures for Developing Grounded Theory*, 2nd ed., Thousand Oaks, CA : Sage Publications(操華子,森岡崇訳『質的研究の基礎:グラウンデッド・セオリー開発の技法と手順 第2版』医学書院,1999年).
Worsley, Peter, Roy Fitzhenry, J. Clyde Mitchell, D. H. J. Morgan, Valdo Pons, Bryan Roberts, W. W. Sharrock and Robin Ward (1970), *Introducing Sociology*, Harmondsworth, UK : Penguin Books.
Yin, Robert K. (1981), "The Case Study Crisis : Some Answers," *Administrative Science Quarterly*, 26(1), 58–65.
Yin, Robert K. (1984), *Case Study Research 2nd edition*, Thousand Oaks, CA : Sage Publications(近藤公彦訳『ケース・スタディの方法(第2版)』千倉書房,1996年).
Zaltman, G., K. LeMasters and M. Heffring (1982), *Theory Construction in Marketing*, New York, NY : John Wiley and Sons.
Znaniecki, Florian (1934), *The Method of Sociology*, New York, NY : Rinehart(下田直春訳『社会学の方法』新泉社,1978年).

第7章 理論発見ツールとしてのレトリック

第1節　はじめに

　「新しい理論は、どのようにして発見されるのか。」この問題は、あらゆる分野の研究者に共通の関心事である。ひとつの答えは、「演繹法であれば、まず概念の定義を行い、公理から論理学および数学を使って定理を導く。それが理論的仮説となる。帰納法であれば、観察から始め、記録し、統計学を使って法則を導く。それが経験的仮説になる。」となろう。但し、このことを知ったとしても簡単に新しい理論が発見できるわけではない。事実、過去の偉大な科学的発見は、研究室や実験室だけではなく、風呂に入ったり林檎が落ちるところを見たりしていたときにもなされている。その時、彼らは何をどのように考えていたのだろうか。発見の瞬間までに、どのような思考プロセスを辿ったのであろうか。

　マーケティングの分野においても、理論発見のメカニズムに関する議論は、主要なテーマである。マーケティングは、比較的新しい学問分野であるため、その方法論の議論は、「マーケティングとは科学か」という点であった。このマーケティングの科学論争は、1940年代中頃から始まり、論点を少しずつ変えながら今日まで継続されている。当初の「マーケティングは科学か」という論点は、1970年代頃まで続けられたが、その当時科学とは帰納主義的な知識であるとみなされていて、既に科学の地位を得ている物理学などの自然科学との比較において議論されることが多かった。1970年代に入ると、論点は「そもそも科学とは何なのか」ということに移っていった。マーケティングが科学かどうかを議論する前に、その科学とは何だったかを確認

Ⅱ　マーケティング理論発見の方法論

すべきということである。よって、科学哲学の分野へ視点が移され、論理経験主義・反証主義・相対主義のそれぞれの科学観をめぐる議論が中心となった。この論争は、1990年代に入っても継続されたが、論点は徐々に軸足を変え、事実と真理の捉え方に関するものになった。事実は観察者の認識から独立して客観的に存在し、普遍的真理が存在するという実在論的立場と、真理は主観的概念であり、観察者の脳の中に存在するという存在論的立場との議論になっている。この流れの一方で、「論争のための論争を中止し、共通点を発見した上で、マーケティングの創造的な知識形成を提示すべきである」という主張[1]がなされ、近年は、マーケティング理論発見のメカニズムについての議論が盛んになってきている。

　マーケティング分野での理論発見の議論は、帰納法や演繹法だけでなく、ケース・スタディや意味解釈法など、他の社会科学における方法論の応用について多くなされているが、未だ議論の途上といった感がある。特に、新しい発想を生むツールの開発は限定的である。

　本章では、マーケティング理論発見のひとつの方法として、認識論的に評価されているレトリックが利用できることに注目する。レトリックは、かつて弁論術から修辞学へ、修辞学から文彩論へ、やがてメタファー論へと範囲を狭め後退してきたが、認識論的な意味合いから再評価されている。レトリックの枠組みは、発見の文脈に利用できる。

　実際、レトリックの一形態であるメタファーを使った理論発見の考え方は、多くの科学分野で議論および利用されており、マーケティング分野でもその有効性は指摘されている。しかし、そのメタファーをどのようにして創造するかについては、あまり議論されていない。研究対象（標的領域）を何（源泉領域）に見立てるのかは、未だ「ひらめき」に頼っている。

　本章では、まずレトリックの歴史に触れる。そして、レトリック認識とは何かを概説した上で、レトリックによる理論発見の一方法を提示する。具体

1　Hunt（1990）。

的には、メタファーの創造手法を、言葉遊びであるなぞかけを参考にして説明する。

第2節　レトリックの歴史[2]

　レトリックの歴史は、紀元前5世紀の古代ギリシャにまで遡る。シチリア島のふたりの僭主[3]が民主主義的な蜂起によって打倒されて、人々がその所有権を回復しようとして訴訟を起こしたことに始まる。その訴訟は、民衆の中から陪審員を選出して行われるので、説得力をもつ雄弁さが必要だった。雄弁が教育の対象となり、それを教える教師が現れた。最初の教師は、アクラガスのEmpedocles、術としたのがシラクサのKoraxで、TeisiasとGorgiasという弟子をもっていた。Gorgiasは、ペルシャ戦争の後、ギリシャのアテネに行ってレトリックを教えたといわれている。全ての成年男子の市民が平等に政治に参加し、民会が最高の議決機関となるような民主政治が到来すると、雄弁がこれまでに増して重視されるようになった。雄弁術は社会的栄達の手段として考えられ、アテネのソフィストたちの活躍によって広められた。

　レトリックが学校で教えられるようになると、「説得の術」として、迎合、卑屈な術策など倫理的な弊害を招いた。Platoは、真理は提示さえすれば説得力をもち、かつ客観的なものであるため、弁論は言葉だけの技術に過ぎないとした。しかし、Aristotleは、道義的態度で科学的に体系化した。彼は、レトリックを「説得の方法を作り出す術」と定義し、説得のための立証と推論について重点を置いて説いた。

　古代ギリシャのレトリックは、ローマ帝国にも受け継がれ、Varro、

2　レトリックの歴史については、次の文献を参考にした。渡部（1976）、速水（1995）、野内（2000）。
3　古代ギリシャ時代に独裁的権威を振るった政治的権威者。

Cicero、Quintilianus によって、大きく発展した。Quintilianus は、雄弁はあらゆる学芸修養の究極的目標であると説き、修辞学の5つの技術部門について詳述している。それは、発想（話すことを見つける）、配置（どのような構成にするか）、修辞（どのような言葉・文章で表現するか）、記憶（話すことを記憶する技術）、演述（声の調子や話し振り）である。

時代が下ると、政治的意見の説得や法廷における弁論は、政治家や弁護士のようなそれを専門とする特定の人だけにしか関係なくなった。口頭による表現よりも文章による表現の方が多くの人にとって必要となった。こうして、5つの技術部門のうち、修辞だけが残ったのである。

中世では、自由市民が身につけるべき教養のひとつに含まれていたが、近世に入ると、フランスの哲学者 Ramee や Montaigne などに批判された。Bacon の経験論によれば、発想は観察によって行われるとする。また、経験論者の Locke は、レトリックを言葉の誤用のひとつに上げている。これらの批判の中、なんとか19世紀末まで継承されてきたが、説得力という側面に重きを置いていたために、20世紀の合理主義の台頭とともにその存在意義を疑問視された。論理経験主義も反証主義も、普遍的真理が存在し、それは主観の外部に客観的に存在すると考えるために、その真理を表現する時には、ありのままを論証すれば事足りるとする。したがって、レトリックを使って説得する必要はなく、レトリックは厳しく批判されたのである。レトリックは、もともと存在論的見地、すなわち、知識とは個人が抱いている信念、もしくは心や脳の中にある信念の特定の集合であるという考え方に基づいているため、実在論とは相容れないのである。ここに、説得のためのレトリックは完全に衰退したのである。1902年、フランスの中等教育課程の最終学年の名称「レトリック学級」が法的に廃止され、伝統的レトリックは終わりを告げた。

しかし、近年、レトリックは説得という目的を離れ、別の有用性が評価されている。それは「発見的認識」、つまり認識論の側面である。レトリックを表現のために使うのではなく、物事を認識するためにその枠組みを使おう

第 7 章　理論発見ツールとしてのレトリック

という試みである。言い換えれば、複数の概念の間に直観的な類似関係を設定することによって、論理的矛盾・意味内容の不合理・感覚的な異質性を生みだし、さらなる糸口とする方法である。また、Lakoff and Johnson によれば、ある経験を照らし出すために別の実験の一部を利用することであり、より具体的で構造化された経験領域から、より抽象的で構造化されていない経験領域への写像と説明されている[4]。

現代レトリック論の源流は、Richards である。彼の時代は、論理実証主義が思想界を席巻しており、彼の「我々の世界は投射された世界であり、思考はメタファー的である[5]」という主張は全く注目されなかった。認識論とメタファーの関係を示し、メタファーに創造的な認識の可能性を指摘したのは、Black である。彼は、「メタファーは、既存の類似性を確認するというよりも、類似性を新たに産み出すといった方が適切な場合がある[6]」とし、我々の認識している世界は特定のパースペクティブから見た世界であると主張した。Lakoff は、「人間の思考過程の大部分がメタファーによって成り立っている。人間の概念体系はメタファーによって構造を与えられ、規定されている[7]」とする。

レトリック復権の背景に、科学哲学において相対主義が台頭していたことは見逃せない。

第 3 節　レトリック認識[8]

レトリック認識とは、レトリックの構造を利用してものごとの認識を行う

4　Lakoff and Johnson（1980）。
5　Richards（1936）。
6　Black（1979）。
7　Lakoff（1994）。
8　レトリック認識については、次の文献を参考にした。瀬戸（1997）、野内（2000）。

Ⅱ　マーケティング理論発見の方法論

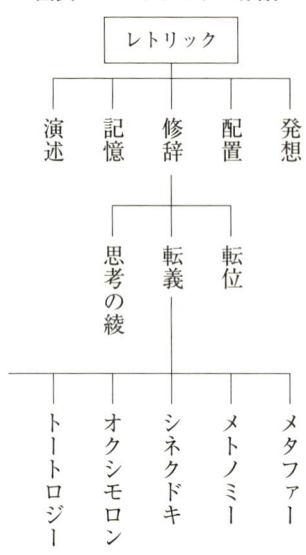

図表1　レトリックの分類

```
            レトリック
               │
   ┌────┬───┼───┬────┐
   演述  記憶  修辞  配置  発想
               │
         ┌────┼────┐
         思考の綾  転義  転位
               │
   ┌────┬───┼───┬────┐
   トート オクシ シネク メトノ メタフ
   ロジー モロン  ドキ  ミー  ァー
```

ことである。以下に、その方法を概説する。

レトリックは前節で述べたように、以前は5つの部門（発想、配置、修辞、記憶、演述）から成り立っていたが、時代の流れとともに修辞のみが生き残った。（図表1参照）その修辞には、転位と転義、そして思考の綾がある。転位は形の変形、転義は意味の変化である。転義には、メタファー（隠喩）・メトノミー（換喩）・シネクドキ（提喩）・オクシモロン（撞着法）・トートロジー（同語反復）・ユーフェミズム（婉曲法）・ハイパーバリー（誇張法）・パーソニフィケーション（擬人法）などがある。

認識論的側面では全て重要ではあるが、第6節で述べる理論発見へのヒントを説明する上で重要なシネクドキとメタファーをここでは取り上げる。このふたつのレトリックの構造を以下に示す。

シネクドキとは、類と種の間の包摂関係に基づく意味的伸縮現象である。例として、「花見」を考えてみる。（図表2参照）花見では、見る花は何でも良いというわけではない。チューリップでも菊でもなく、桜と決まっている。「花」という言葉を使っているが実は「桜」を示している。これは上位概念の「花」という類が、下位概念の「桜」という種を意味している。つまり、意味範囲が収縮し、特殊化しているのである。

逆に、下位概念の種が上位概念の類を表すこともある。「ご飯を食べよう」というとき、我々は米飯だけ食べるのではなく、他の惣菜なども食べる。ここでは、「ご飯（米飯）」という種が、「食物」という類を表している。つまり、意味範囲が拡張し、一般化しているのである。両者ともシネクドキの一種で、それぞれ特殊化のシネクドキ、一般化のシネクドキと分類されている。類と種はともにカテゴリーであり、類が上位に、種が下位にある。類と

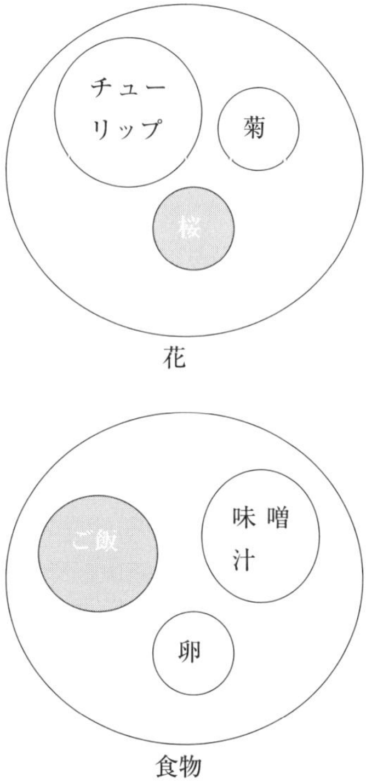

種には「含む・含まれる」という包摂関係が成り立っているのである。この両カテゴリーは、共通な特徴を備えた個々の要素が集合している。

　ここで重要なのは、この類種関係は、人間の概念の操作によって習慣的に構成されていることである。個人もしくは集団によって、認識が異なってくる。日本人にとって「ご飯」という言葉は、食事全体を表すが、アメリカでRICEといっても食事全体を表しはしない。集団間で相対的なのである。また、同じ日本人でも、現代では「花見」といえば「桜」だが、奈良時代頃までは「花見」といえば「梅」だったようである。時代とともに、集団内に共通の概念は変化するのである。

　メタファーは、類似性に深く関わっている。「愛は炎」という例では、「愛」のように直接触知できない抽象物を、「炎」のような感覚的に理解しやすい具象物に見立てて表現している。（図表3参照）その類似性は、物理的なものではなく意味論的である。メタファーは、実はシネクドキの組み合わせという見方ができる。例えば、「A部長は鬼だ」というメタファー表現は、「A部長」と「鬼」の類似性である「残酷なもの」もしくは「冷徹なもの」が類になっている。この類の中に、「A部長」という種と「鬼」という種が含まれているのである。「A部長」と「残酷なもの」、「残酷なもの」と「鬼」は、それぞれシネクドキ関係である。

　このように、シネクドキやメタファーなどの枠組みは、世界（モノや現象）を理解するための認識装置である。用いるメタファーによって世界は異

図表2　シネクドキ

II マーケティング理論発見の方法論

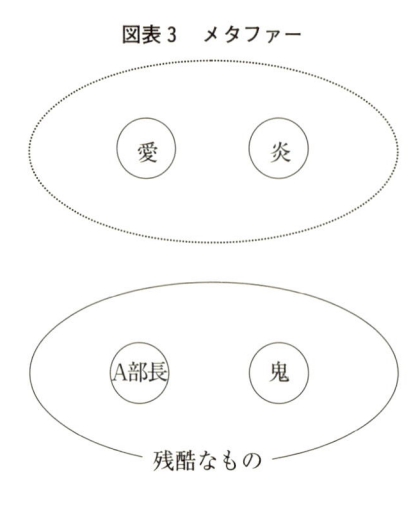

図表3 メタファー

愛　炎

A部長　鬼
残酷なもの

なって見える。

　メタファーが理論発見のために果たす役割は、ある現象を研究するためのイメージを生み出すことである。炎のメタファーを使うことによって、愛とは「メラメラと燃えるもの」「いずれ消えるもの」「風（抵抗）があるとますます燃えるもの」といったイメージが湧きあがる。これらのイメージの膨らみが仮説を生むのである。

　ここで、レトリックの一種ではないが、メタファーと並んで良く使われるアナロジーについて確認しておく。メタファーは、標的領域と源泉領域が1対1で対応しているのに対し、アナロジーは標的領域の諸特性が、源泉領域の諸特性に多対多で対応している。メタファーの連続的対応がアナロジーともいえる。例えば、「就職難」を「氷河期」というメタファーで表現する時、就職難が好転すれば「雪解け」と連続的にその特性を対応させるとアナロジー思考となる。本章では、アナロジーをメタファーの一種と捉え、意味の混乱を避けるためにアナロジーという用語は使わない。

第4節　科学とレトリック

　レトリックは、客観主義的科学観から批判を受け、一旦は学問的地位を剥奪されたのだが、実はレトリック認識、特にメタファーは科学の世界でも非常に多く使われている。自然科学の世界で使われている典型例は、Rutherfordの原子核構造である。彼は、水素原子を太陽系に見立てて説明した。直接観察できない水素原子に、比較的研究の進んでいた太陽系の構造を写像したの

である。ここでは、太陽系が水素原子の構造に対応しているので、その構成要素である太陽は原子核に、惑星は電子にそれぞれ対応させている。そうして、原子核と電子の関係を考察する時に、太陽と惑星の関係を、電子の原子核に及ぼす影響を考察する時に惑星の太陽に及ぼす影響を考えるのである。この事例では、構造的類似性を捉えて認識している。

　また、光の本質についての論争でも、メタファーが中心的な役割を果たした。光の直進・反射・屈折の現象は、古くから観察され注目されていたが、次第に論点は、光を「波動」と見るか「粒子」と見るかという問題になっていった。「波動」というメタファーを使った方が光の性質をより整合的に説明できるか、「粒子」というメタファーの方が良いかで争われた。この論争は、量子力学の登場で幕を閉じるのであるが、それまではまさにメタファーが発見的役割を演じた。

　Franklinは、雷を電気のメタファーで仮説を設定した。雷と電気は、光を放つことや光の色、金属を伝わることなどで類似点をもつので、電気が尖った先に引き寄せられるように、雷も引き寄せられるはずだという仮説をもった。凧上げ実験を試み、仮説を検証したのである。

　その他、ユニークな例では、ベンゼン環をヘビに、染色体をビーズの糸に、バクテリアの突然変異をスロットマシーンになぞらえて仮説が設定されている。また、地球は、小さな磁石や月、船など複数のメタファーを使ってその特性が研究されている。

　社会科学においても、レトリックは重要な役割を果たしてきている。経済理論もメタファーを使った例が多い。Smithは、個人の私的利益と社会の福祉が一致すると考えを、「見えざる手」の働きというメタファーを使った[9]。「均衡」の概念も熱力学のメタファーである。

　組織理論においては、組織にどのようなメタファーを使うべきかで論争が

9　Smithの「見えざる手（Invisible Hand）に対して、Chandlerは「見える手（Visible Hand）」というメタファーを使っている。

Ⅱ マーケティング理論発見の方法論

続いている。「組織」概念そのものがメタファーであるし、「組織学習」「組織進化」「組織行動」など、メタファーに覆われているともいえるのだが、論点は主に、組織を、どのようなメタファーを使って組織の性質を理解するかということである。「機械」メタファーでは、組織は合理的に設計されたツールであり、目標達成手段のシステムとして理解される。組織を構成する諸部分は部品であり、それら諸部分を明確な規則で関連づけ、全体としての目標達成の効率性が実現される。Hammer and Champy のリエンジニアリング革命も、まさに組織を機械と捉えるなかで生まれてきた発想といえる。しかし、機械のメタファーは、組織内発的な変化を説明できない。変化する環境への適応や人間固有の要因なども説明することが困難である。

ホーソン実験で有名な Mayo 以降使われたのが、有機体のメタファーである。このメタファーでは、組織はそれ自体が目的となり、存続のために個々の組織が特有の要求を発達させ、それを満たす活動を遂行することによって環境と相互作用し、絶えず変化を遂げるものとして理解する。

しかしながら、このメタファーも内的メカニズムを明らかにできないなど限界が見え、新たなメタファーの登場が模索された。現在注目されているメタファーは、生命システムである。生命システムの典型である神経系や免疫系は、システム環境との境界を自分自身で画定しており、こうした自律的作動メカニズムを明らかにする理論としてオートポイエーシス論が生みだされた。従来のシステム論のように要素が定義され、それら要素をある関係で組み立ててシステム全体ができると考えるのではなく、システムの構成要素はすべてシステムが自ら創り出したものと考える。目的合理的組織観は完全に解体され、ヒエラルキーとしての組織像も解体されることになる。

このほかにも「コンピュータ」「ゴミ箱」など多様なメタファーが使われてきた。組織理論では、メタファーが研究の流れに大きく影響してきたのである。

第5節　マーケティングとレトリック

　マーケティングの分野においても、レトリックの一種であるメタファーの役割は指摘されている。Arndt は、メタファーの認識論的役割を示した。彼は、Morgan により提示された4階層の科学の捉え方、即ち、最上位にオリエンテーション（データ・理論・価値に関する研究者の視角）、次の階層にパラダイム（代替的現実もしくは世界観）、メタファー（学派の基準）、そして最下層にパズル解決（特定のツールと手続きに基づく）があるという考え方を引用し、パラダイム内にあるいくつかのメタファーはそこに含まれる学派の世界観を完全な首尾一貫したものにするとしている。

　また彼は、マーケティングを、主観−客観と調和−対立というふたつの次元で4つのパラダイムに分類し、それぞれのパラダイムにあるいくつかのメタファーを提示した。例えば、「客観・調和」象限の論理経験パラダイムには、有機体メタファーやマーケティング戦争メタファーが存在するという。有機体メタファーは、Alderson によりマーケティングの世界に導入されたもので、必要な資源を提供する広い環境の文脈で生き残ろうとする生体システムのイメージを作る。マーケティング戦争メタファーは、Porter に代表される競争戦略において使われている。この学派では、戦略・戦術・標的集団・ラインとスタッフなど戦争用語が頻繁に使われる[10]。このように、メタファーは分析のフレームワークや問題解決の方法に影響を与えるものと捉えられている。

　メタファーを使った理論仮説は数多く存在する。典型的な例は、Reilly の小売引力の法則である。Newton の万有引力の法則にならい、小売店舗による消費者の都市間空間行動を説明している。万有引力の法則における、質量・2物体間の距離が、小売引力の法則では都市の人口・2都市間の距離に

10　Arndt（1985）。

対応している。この法則は、データから帰納的に発見されているが、Reillyが万有引力の法則を意識していたことは間違いあるまい。

　他には、小売業態の発展を説明しようとするMcNairの小売の輪の理論仮説がある。これは、小売業態の発展を循環的なものであると捉えたもので、「輪」というメタファーを使っている。このメタファーは、我々に、低価格で発生した新業態も徐々に格上げしていく動きや、業態は絶えず変化していることなどをイメージさせてくれる。

　製品ライフサイクルの概念は、製品を人間に見立てており、新製品は人間のように成長、成熟していずれは死ぬものと捉えている。製品の市場導入から廃棄までの時間的経過を、導入期、成長期、成熟期、衰退期と分けているのは、人間の人生を幼年期、青年期などを分けるのに習っている。このメタファーから、例えば人間の幼年期には育てるのに手がかかるように、製品の導入期にはコストがかかることがイメージできる。

　このように、レトリックを使って、理論化されていないある現象を既に理論化されている事象に見立てて、新しい理論仮説を構築していく例は多い。

　メタファーは、マーケティングの実務面でも活躍している。Zaltmanの提唱した市場調査方法であるZMET[11]法は、メタファーの認識論的側面を利用している。この手法は、言葉だけでは表すことができない消費者の無意識な記憶や知・感情を、意識レベルに引き出すのが目的である。

　具体的には、まず被験者に調査対象となる製品・ブランドを表す写真や絵を集めてくるように依頼する。被験者が持参した写真や絵は、被験者が対象としている製品やブランドを表現したメタファーを捉えられる。調査者は、その写真や絵を使って、被験者にさまざまな質問を重ねていく。このやり取りから、被験者の思考や感情を明らかにしていく。

11　Zaltman Metaphor-Elicitation Techniqueの略。

第7章　理論発見ツールとしてのレトリック

第6節　メタファーの創造手法

　前節までの例のように、観察できない対象や観察以前の対象について、どのような構造であるのか、もしくは要因間にどのような関係があるのかについての仮説を構築する方法としてレトリックを使うことができる。類似性をもつと思われる構造に研究対象事象を見立てて、既存理論では証明され成立している関係が研究対象事象にもあてはまるのかを検討するのである。

　しかし、レトリックの重要性は認めるとしても、はたしてその類似した構造をどのように見つけるかという問題が残る。どのようにして、「愛」のメタファーの「炎」が考えられたのか。Rutherford は、なぜ、水素原子核と太陽系には類似性があると気がついたのか。組織のメタファーになぜ機械が浮かび上がったのか。標的領域から源泉領域へ行き着く道順は明らかになっていない。

　瀬戸は、①関係性、②選択性、③単一性の3つの指針を提示している[12]。関係性とは、たとえられる現象とたとえる現象の類似性が、実質ではなく関係のみに関わるということである。電気の流れを水の流れに見立てた場合、水圧が電圧に、水が溜まる池が電池にと、その関係のみが対応する。水－水圧－池の関係が、電気－電圧－電池の関係と類似しているのである。しかし、実質的な類似性はなく、池で釣りができるように電池で釣りはできない。

　選択性とは、源泉領域の特質が全て標的領域に関係づけられるわけではないということである。上記の例を使うと、水の「流れる」という特質が選択され、「飲める」という特質は選択されない。重要な特質のみが選択されるのである。

　単一性とは、電気を水に見立てたら、他のものとの見立てを同時に用いな

12　瀬戸（1995b）。

153

Ⅱ　マーケティング理論発見の方法論

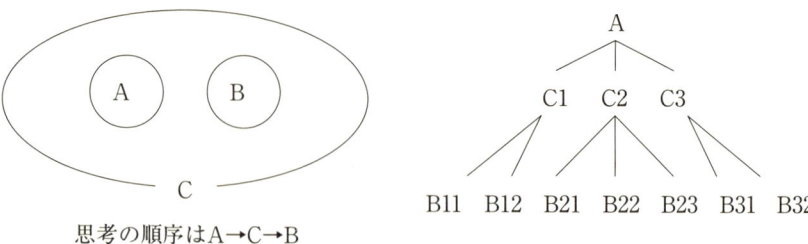

図表4　なぞかけの構造

思考の順序はA→C→B

い、混同させないということである。

　上記3点の指針は、メタファーを創造する時の条件であって、創造法を示すものではない。これらを知っていたとしても、具体的にどのようにレトリックを使って理論発見をするかは導かれない。

　理論発見の具体的方法を理解するために、ここで「なぞかけ」という言葉遊びを利用して説明する。なぞかけとは、江戸時代から伝わるレトリックを使った言葉遊びである。「AとかけてBと解く。その心はC」という形式をとり、AとBの意外な類似性Cを示すのである。「本とかけて、将棋と解く。その心は、読むのに熱中します」という例で考えると、本と将棋には、読むのに熱中するという類似性があるのである。AとBはメタファー関係であり、AとC、BとCはそれぞれシネクドキ関係になっている。

　では、なぞかけを解く時のメカニズムはどうなっているのか。なぞかけのプロである噺家は、僅か数秒でなぞを解いてしまう。彼らのやり方は、A、B、Cの順に考えるのではなく、まず、所与のAはどのような類に含まれるのかを考えるのである。（図表4）一般化のシネクドキ関係のCを先に考えるのである。いくつかのCを考えて、今度はCから、特殊化のシネクドキ関係のBを探し出していくわけである。「本」というAが所与として出されると、本の特性から、「読むのに熱中する」「なかなか捨てられない」「知識が得られる」といったCを数多く考える。そしてそのCから、「読むのに熱中する」という類に含まれるもの「将棋」「俳句」「顔色」などが考え出される。彼らは、この作業を何度も繰り返し、評価基準にあうものを選択する。

第 7 章　理論発見ツールとしてのレトリック

その評価基準とは、①聞く人たちが、メタファー関係、シネクドキ関係を、すぐに分かること。将棋が先の手を読むのに熱中するものであるという認識が聞く人たちになければ、成立しない。②ＡとＢに意外性があること。「りんごとかけて、みかんと解く。その心は果物である」では、全く意外性がない。一見結びつかないようなものを拾い上げるのである。このふたつの基準（他にも時事性など評価基準はあるがここでは取り上げない）に照らし合わせて、最も良いものを選択することになる[13]。

　理論発見の場合も、なぞかけと全く同じ構造を使って、ひらめきを促進させることができる。研究対象の現象（Ａ）を理論化したい時、その現象の特性を拾い上げて、どのようなカテゴリーに含まれるかを考えていく。その現象を種と捉え、上位の類（Ｃ）を数多く考えてみる。そして、その類に含まれる別の種を見つけるという2ステップを踏むのである。

　小売引力の法則に当てはめてみよう。消費者の都市間買物行動を理論化したいと考えれば、まずその特性からどのような類に入る行動（現象）なのかを考える。いろいろな類が考えられるであろう。その中で「遠い小売店より近い小売店に行く頻度が高い」という特性に注目すれば、「距離と反比例（理論では、距離の2乗に反比例）する」という類に含まれると考えられる。それから、距離と反比例する既に証明されている理論（Ｂ）を考えていくのである。（Ａ）から（Ｂ）に直接たどり着くのは非常に偶然性が高い。まさに「ひらめき」が必要である。ふたつのステップを経ることによって、メタファー関係をもつものの発見確率は増加するのである。

　なぞかけの評価基準もそのまま利用できる。①納得性がなければならない。研究者のコミュニティー・メンバーのコンセンサスを得られなければ、理論にはなり得ない。研究者を納得させるには、メタファーで発見した仮説を検証する正当化のプロセスが必要だろう。②意外性は、必須の条件ではないが、重要である。研究対象である現象とメタファーとの対応関係が完全で

13　なぞかけの解き方に関しては、真打　鈴々舎馬桜師匠より聴取。

Ⅱ　マーケティング理論発見の方法論

あればあるほど、理論化できる可能性が高まるが、その新奇性は少ない。意外なメタファーとの関連づけは、矛盾を生む可能性は高いが、新しい発見を生む可能性も高い。膝を打ち目から鱗が落ちるような発見は、この意外性から生まれるものであろう。

第7節　むすび

　以上のように、マーケティング理論発見における、レトリック認識の使用は、限界があるとはいえ、非常に有用であると思われる。特に、マーケティングの分野は、まだ独自分野内の理論体系が十分整備されていないので、研究事象と類似性をもつと思われる他分野の理論を援用することは、非常に重要なことである。

　マーケティング研究者はおそらく、ひらめきという名のもとに、「この事象は、あの理論に似ている」と、レトリック認識をそれと意識せず行ってきたと思われるが、ここでレトリック認識を体系的に再認識し、積極的に利用していくことで、マーケティング理論発見の創造力を強化できるものと考える。

参考文献

赤川元昭　(1993),「科学的方法における理論生成と受容のメカニズム」『慶應経営論集』, 11 (1), 51-76.

Alderson, Wroe (1957), *Marketing Behavior and Executive Action*, Homewood, IL: Irwin (石原武政他訳『マーケティング行動と経営者行為』千倉書房, 1984年).

網倉久永 (1999),「組織研究におけるメタファー」『組織科学』, 33 (1), 48-57.

Anderson, Paul F. (1983), "Marketing, Scientific Progress, and Scientific Method," *Journal of Marketing*, 47 (Fall), 18-31.

第7章 理論発見ツールとしてのレトリック

Arndt, Johan (1985), "On Making Marketing Science More Scientific : Role of Orientations, Paradigms, Metaphors, and Puzzle Solving," *Journal of Marketing*, 49(Summer), 11-23.

Bartels, Robert (1951), "Can marketing be a science?" *Journal of Marketing*, 15 (January), 319-328.

Black, M. (1979), More about metaphor, in *Metaphor and thought*, edited by A. Ortony, 10-43, Cambridge : Cambridge University Press.

Buzzell, Robert D. (1963), "Is marketing a science," *Harvard Business Review*, 41 (January/February), 33-40, 166-170.

Carnap, R. (1953), "Testability and Meaning," in *Readings in the Philosophy of Science*, Herbert Feigl and May Brodbreck, eds., New York : Appleton-Century-Crofts.

Chalmers, A. F. (1982), *What is this thing called Science?* University of Queensland Press(高田紀代志，佐野正博訳『新版　科学論の展開』恒星社厚生閣，1985年).

Chandler Jr., Alfred D. (1977), *The Visible Hand : The Managerial Revolution in American Business*, Harvard University Press（鳥羽欽一郎，小林袈裟治訳『経営者の時代』東洋経済新報社，1979年).

Deshpandé, Rohit (1983), ""Paradigms Lost" : On Theory and Method in Research in Marketing," *Journal of Marketing*, 47 (Fall), 101-110.

Dunnette, D. Marvin and Hough, M. Leaette (1994), *Handbook of Industrial and Organizational Psychology*, Consulting Psychologists Press, Inc.

Ghyczy, Tihamer V. (2003), "The Fruitful Flows of Strategy Metaphors," *Harvard Business Review*, September, 86-95.

Hage, Jerald (1972), *Techniques and Problems of Theory Construction in Sociology*, John Wiley & Sons, Inc.(小松陽一，野中郁次郎訳『理論構築の方法』白桃書房，1978年).

Hammer, M. and J. Champy (1993), *Reengineering The Corporation*, Nicholas Brealey Publishing Ltd.（野中郁次郎監訳『リエンジニアリング革命　企業を根本から変える業務革新』日本経済新聞社，1993年).

Hanson, R. Norwood (1958), *Patterns of Discovery*（村上陽一郎訳『科学的発見のパターン』講談社学術文庫　1986年).

速水博司 (1995),『レトリックの歴史―近代日本―』有朋堂.

II マーケティング理論発見の方法論

Holyoak, J. Keith and Paul Thagard (1995), *MENTAL LEAPS Analogy in Creative Thought*, MIT Press (鈴木宏昭, 河原哲雄監訳『アナロジーの力』新曜社, 1998年).

Hunt, Shelby D. (1976a), "The Nature and Scope of Marketing," *Journal of Marketing*, 40(July), 17-28.

Hunt, Shelby D. (1976b), *Marketing Theory: Conceptualizations of Research in Marketing*, Columbus, Ohio: Grid Publishing (阿部周造訳『マーケティング理論』千倉書房, 1979年).

Hunt, Shelby D. (1990), "Truth in Marketing Theory and Research," *Journal of Marketing*, 54(July), 1-15.

Hutchinson, Kenneth D. (1952), "Marketing as a science: An Appraisal," *Journal of Marketing*, 16(January), 286-293.

石井淳蔵 (1993),「マーケティング科学の新しい波」田村正紀, 石原武政, 石井淳蔵編著『マーケティング研究の新地平』千倉書房.

加護野忠男 (1988),『組織認識論』千倉書房.

金顕哲 (1993),「マーケティング科学論争と研究方法」『慶應経営論集』, 10(3), 13-24.

Lakoff, G. (1994), "What is Metaphor? In Analogy, Metaphor, and reminding," *Advances in Connectionist and Neural Computation Theory*, edited by J. A. Barnden and K. J. Holyoak, 3, 203-257, Norwood, N.J.: Ablex.

Lakoff, G. and M. Johnson (1980), *Metaphors We Live By*, Univ. of Chicago Press (渡部昇一, 楠瀬淳三, 下谷和幸訳『レトリックと人生』大修館書店, 1986年).

Lazer, William (1971), *Marketing Management: A System Perspective*, New York: John Wiley and Sons, Inc. (片岡一郎監訳『現代のマーケティング』丸善, 1974年).

McNair, M. P. (1976), *The Evolution of Retail Institutions in the United States*, Cambridge, Mass, Marketing Science Institute (清水猛訳『小売の輪は回る』有斐閣, 1983年)

Morgan, Gareth (1980), "Paradigms, Metaphors, and Puzzle Solving in Organization Theory," *Administrative Quarterly*, 25 (December), 605-622.

野家啓一 (1993),『科学の解釈学』新曜社.

野中郁次郎, 網倉久永 (1987),「企業の知的構造改革－知の組み替えのマネジメ

ント」『ビジネスレビュー』, 35（2）, 1 - 12.
野内良三 (2000),『レトリックと認識』日本放送出版協会.
沼上幹 (1995),「経営学におけるマクロ現象法則確立の可能性―個別事例研究の科学としての経営学に向かって」『組織科学』, 28（3）, 85 - 99.
奥山敏雄 (1999),「組織の社会学理論におけるメタファーの意味」『組織科学』, 33（1）, 4 - 13.
Peter, J. Paul and Jerry C. Olsen (1983), "Is science marketing?" *Journal of Marketing*, 47 (Fall), 111–125.
Peter, J. Paul (1992), "Realism or Relativism for Marketing Theory and Research : A Comment on Hunt's "Scientific Realism"," *Journal of Marketing*, 56 (April), 72–79.
Popper, K. Raimund (1959), *The Logic of Scientific Discovery*, London : Hutchinson（大内義一, 森博訳『科学的発見の論理』恒星社厚生閣, 1971年）.
Reilly, William J. (1931), *The Law of Retail Gravitation*, New York : W. J. Reilly.
Richards, I. A. (1936), *The Philosophy of Rhetoric*, London : Oxford University Press.
佐藤信夫 (1981),「認識とイメージのレトリック」『説き語り記号論』日本ブリタニカ.
佐藤信夫 (1986),『意味の弾性』岩波書店.
佐藤信夫 (1992),『レトリック認識』講談社.
佐藤信夫 (1993),「レトリックの記号論」講談社.
瀬戸賢一 (1995a),『空間のレトリック』海鳴社.
瀬戸賢一 (1995b),『メタファー思考』講談社.
瀬戸賢一 (1997),『認識のレトリック』海鳴社.
嶋口充輝 (1997),『柔らかいマーケティングの論理』ダイヤモンド社.
渡部昇一 (1976),「修辞学のすすめ」『週刊現代』講談社.
余田拓郎(1997),「マーケティング研究の方法論における課題」『慶應経営論集』, 14（2）, 133 - 152.
Zaltman, Gerald (2003), *How Customers Think*, Harvard Business School Press（藤川佳則, 阿久津聡訳『心脳マーケティング 顧客の無意識を解き明かす』ダイヤモンド社, 2005年）.

III

マーケティング実践知の発見

第8章 経営における論理的思考

第1節 はじめに

　現実の経営において、果たして論理的思考は役に立つのであろうか。こうした問いかけは一見、ごく当たり前のように思える。論理的でないよりは論理的であるほうが、もちろん良いと思えるからである。その反面、経営は論理で割り切れるものではないという意見もあるだろう。実際のところ、論理的思考というものが、どのような経営の局面で、どのような役割を果すのか、また、それがどの程度役立つのかについては、なかなか明確に答えることはできない。ともあれ、経営活動において論理的思考の果す役割を考えることはきわめて素朴ながら、まだ十分に議論がなされていない問いかけであろう。そして、このような素朴な問いかけについて考えてみることも時には重要に思える。

　では、そもそも論理的に考えるとはどういうことなのだろうか。また、論理的に考えることは経営にとって本当に重要なことなのだろうか。もし、それが本当に重要だとしても、教科書に記載されているような論理学の知識がどれだけ現実の経営に役立つのだろうか。実際、論理学の教科書をひもといたとしても、それが経営に直接的に役立つとはあまり思えない。では、経営に求められる論理的思考とは、論理学のいうところの論理と同一のものではないのだろうか。もし、異なる点があるのだとしたら、いったいどこが違うのだろうか。

　これらの疑問に答えるために、以下の順序で考察を試みる。まず、「論理学における論理」とは何かをふまえたうえで、「経営における論理的思考」

Ⅲ　マーケティング実践知の発見

のおおまかなアウトラインを明らかにする。次に、経営活動において論理的思考が応用可能と思われる局面を取り上げ、「経営における論理的思考」と「論理学における論理」との相違点を具体的に検討する。そして最後に、本章の中心的な問題である「論理的思考は経営に役立つかどうか」に答える。では、「論理学における論理とは何か」という問題からさっそく始めよう。

第2節　論理学における論理とは

　そもそも「論理」とは何なのであろうか。論理の定義については、それを研究対象にする論理学者の間でも微妙な相違があるようだ。

　山下によれば、論理学とは推論を専門的に受けもつ学問であり、推論とは前提から結論を引き出すことだと述べている。また、推論と推理（もしくは推測）は、はっきりと区別することが必要であり、推論によって出てきた結論は100％信頼のおけるものであるが、推理から出てきた結論は100％の信頼性をもたないという[1]。これらをまとめると、論理とは「推論そのもの（前提から結論を引き出すこと）」であり、また、「引き出された結論に信頼がおけるかどうかを判別すること」である。こうした論理の定義は一般的なイメージとして受け入れられやすいものだろう。

　野矢によれば、論理とは「言葉が相互にもっている関連性のこと」である。また、論理的であるとは、こうした関連性に敏感になり、言葉を大きなまとまりで見通す力を身につけることだという[2]。この定義からすると、論理の対象となるのは言語で構成されたものすべて（文章だけでなく、スピーチや会話も含めたもの）であり、論理的思考というのは文章などの構造を読み取る能力、もしくはそれらを構造化する能力という位置づけになる。実

1　山下（1985, pp.5-6, p.76）。
2　野矢（1997, p.i）。

第8章　経営における論理的思考

際、野矢が論理チェックの素材に取り上げている対象も、料理本の一節から卒業式のスピーチまで非常に幅広い。

　ただし、われわれが一般にイメージする「論理」が、「前提から結論を引き出し、その結論の正しさを判別すること」だとすれば、この定義には、さながらコートの上から背中を掻くような不明確なイメージがある。しかし、そもそも論理がわれわれの言語活動全般を対象とするものであり、われわれの日常的に使用する自然言語が本来不明確さをもつのであれば、野矢の定義する「論理」こそ、論理の本来的な特質に即したものだといえるだろう。

　戸田山によれば、論理を定義すること自体が論理学の究極目標であり、その定義を明らかにしてから議論を始めることはできないと断わった上で、論理学とは、正しい論証（ここでは、推論と同義）とは何か、正しい論証とそうでない論証をどのように区別するかについての系統的な研究だと述べている[3]。

　では、なぜ戸田山は論理を定義することができないと主張するのであろうか。それは、論理自体、いまだにその全容が明らかにされていないという事実に起因する。たとえば、ある主張が正しいのか、もしくは間違っているのかという点について、われわれはごく日常的にさまざまな判断を行っている。論理学を学んでいなくても、こういった判断を普通に行っているのである。では、なぜ正しいとか正しくないとかをわれわれは判断できるのであろうか。それは、論理というものが、われわれが本来もっている思考のルール、もしくは、社会的に身につけた日常的な思考のルールに他ならないからである。

　では、われわれは、なぜ自分自身の思考のルールの全容を明確に認識することができないのだろうか。それは、意識しなくても当たり前にできるような判断を明らかにすることが、逆に困難だという点に起因する。つまり、われわれがふだん当たり前のように思考しているゆえに、その当たり前のこと

---

[3]　戸田山（2000, pp.2-3）。

Ⅲ　マーケティング実践知の発見

（思考のルール）には逆に気がつきにくい。したがって、論理という日常的な思考のルールもまた、ふだんはわれわれの意識に上ることなく、暗黙的な形で意識下に埋もれていることになる。そして、この本来暗黙的なわれわれの思考の全容をあらためてルールの形で明示化することが、論理学の究極的な目的に他ならない[4]。

第3節　経営における論理的思考のアウトライン

　これまで述べたように、論理とは、われわれが当たり前にもつ日常的な思考のルールであり、そして、論理学とは、この本来、暗黙的な思考のルールを明示化し、正しい論証とそうでない論証に区別することを主な研究対象にする学問領域であった。ここでは、われわれの日常的な思考を明示化し、それが正しい論証かどうか判断することを「論理的思考」とひとまず仮定することにしよう。

　ただし、この仮定においては、論理学と論理的思考との差異はまったくない。では、何のために「論理的思考」なるものを仮定したのかというと、「経営のための論理的思考」に必要な要素をこの「論理的思考」に付け加え、論理学とは一味異なったジャンルを確立させたいと思うからである。つまり、本章が議論するのは純粋な論理学ではなく、「経営に求められる論理的思考」であり、それが「論理学のいうところの論理」と同一のものであるとは必ずしも限らない。

---

[4]　論理学の目的について、戸田山は次のように述べている。
　「確かに我々はたいていの場合、正しい論証と間違った論証を区別でき、相手の矛盾を見出すことが出来る。日常的に生きていくだけならそれで十分だ。しかし、それが正しい論証と言えるのか、そもそも論証の正しさとか矛盾とはどういうことなのか、といったことがらを十分に一般的に、体系的に、明示的に示すということはそれとは別の課題である。我々が従っているのだけれど、誰もそれを取り出して見せたことのない規則、それが論理学にとっての未知の大陸なのだ」（戸田山　2000, p.7）。

第8章　経営における論理的思考

　ここから先、論理学のいう論理の定義をふまえたうえで、経営に求められる論理的思考のアウトライン（輪郭）を明らかにしていきたいと思う。本章の中心となる問題とは「論理的思考は経営に役立つかどうか」である。この問題に答えるためには、経営活動において利用できる論理学のツールと利用可能な領域とを確認しておく必要があるだろう。

　まず、利用できる論理学のツールであるが、先ほどの論理学の定義からすると、われわれが本来的にもっている思考のルールのうち、明らかにされたものということになる。ちなみに、これら明示化された思考のルールは大きくふたつに分けられる。

　ひとつは論理学的な意味で妥当な論証であり、その残りは非妥当な論証（推測もしくは推理）である。ともあれ、論理学によって明らかにされたいくつかの妥当な推論ルールと、またいくつかの非妥当な推論ルールを経営活動において利用できることになる。

　次に、経営活動全般において論理的思考が適用可能な領域を探すことにしよう。そもそも論理というものがわれわれの日常的な思考のルールであるならば、経営活動において、われわれがふだん思考する局面全てが論理的思考の適用可能な領域ということになる。われわれの思考自体を論理学の研究対象と捉えるならば、確かに適用可能な領域が広いことは間違いないだろうが、これでは少しあいまいすぎる。そもそも論理学が、妥当な論証と非妥当な論証を区別する学問領域であるならば、当面のところは、経営活動において妥当な推論ルールを利用する局面と、非妥当な推論ルール（推測、推理）を利用する局面のふたつに限定することが望ましいだろう。

　さらに確認すべきことは、経営活動において、論理的思考が役立つと判断する基準である。これについては、ひとまず経済合理性基準を用いることにしよう。つまり、論理学が明らかにした思考のツールを用いる場合と用いなかった場合に分け、前者のほうが後者よりも享受できる経済的なメリットが大きければ、論理的思考は経営においても有益と判断することにしたい。

　さて、この判断尺度を付け加えることによって、経営における論理的思考

III マーケティング実践知の発見

は、論理学とは少し異なるニュアンスを帯びることになる。つまり、論理学が正しい論証かそうでない論証かを判別することを研究対象とする領域であったのに対して、経営における論理的思考では、論理学の明らかにしたツールが経済的なメリットを生じるか否かという判断基準によって、有益な論証かそうでない論証かが区別されることになるからである。

　また、論理学を経営活動に利用した場合に、たとえ経済的なメリットが生じるのだとしても、そのインパクトが大きくないのであれば、経営において実際に役に立つとはいい切れない。例えば、メリットを享受する機会がごく限られている場合や、ごくささやかなメリットしか生み出さないのであれば、論理学の明らかにしたツールを積極的に活用する意義はあまりない。したがって、論理的思考が経営において経済的なメリットを生じるかどうかという側面とともに、そのインパクトの大きさについても注意深く検討を行う必要があるだろう。

　以上で、「論理的思考は経営に役立つかどうか」という問題を考察するに当たっての準備作業はひとまず終了である。この準備作業を前提としたうえで、もし、論理学の明らかにした推論ルールを経営活動に応用した場合に、現実的にも十分適用可能で、なおかつ経済的なメリットが明らかに存在するならば、論理的思考は現実の企業経営にも役立つことになる。また、論理学がいうところの論理と、経営に求められる論理的思考との間に重大な相違のあることが判明するならば、その相違こそが、「経営における論理的思考」のアイデンティティを形成することにつながるはずだ。つまり、経営における論理的思考とは、論理学をベースにしながらも、論理学そのものではなく、独自的な要素をもつ領域となるだろう。その逆に、現実的な適用範囲が限られていたり、これといった経済的なメリットが見当たらなかったりするならば、残念ながら、経営において論理的思考の占める場所はどこにもない。そして、経営において論理学の果たす役割もまた、一般教養以外のなにものでもないということになる。

　では早速、経営における論理的思考と、論理学がいうところの論理との相

違点を整理したうえで、論理学が明らかにした思考のツールが実際に役立つかどうかを検討してみたい。これ以降、われわれが経営活動において通常に行なう思考プロセスを妥当な論証と非妥当な論証（推理、推測）に分けて、出来る限り具体的にたどることにする。まずは、妥当な論証を用いる場合の相違点から考えることにしよう。

第4節　経営における論理的思考と論理学のいう論理との相違点

1．論証における形式と内容

　経営における論理的思考と、論理学のいう論理との違いの第1点目として、次のことがあげられる。論理学において、論理の妥当性とは論証の内容ではなく、その形式の問題である。だが、現実の経営にとってみれば、その内容の正しさにも当然関わってくる問題だということである。ただし、これでは何のことやら分かりづらい。推論ルールの代表格ともいえる演繹法（deduction）のひとつである「前件肯定の演繹法」を例に取りあげて、この問題を考えることにしよう。

（1．前件肯定の演繹法）
前提1　気温が高ければ、ビールはよく売れる
前提2　気温が高い
結論　　ビールはよく売れる

　まさに、当たり前といえそうな結論が前提から引き出されているのが分かる。そして、これは論理学的にも妥当な論証である。ちなみに、上記の例を簡略化してみると、次の例（1a.）のようになる。P＝（気温が高い）、Q＝

Ⅲ　マーケティング実践知の発見

（ビールはよく売れる）という具合に、この例では、論証の内容のほうは記号化し、さきほどの論証の骨格が分かりやすくなるようにしている。ただし、その形式自体はまったく同じものである。ここでは、論証の内容と形式を明らかに区別するために、内容の伴わない形式的な表記法をあえて使っただけに過ぎない。そして、この例から明らかなように、PやQという前提の内容はどうであれ、この論証では結論がQになるのは自明のことである。

（1a.　前件肯定の演繹法）
前提1　PならばQ
前提2　P
結論　　Q

このように、妥当な演繹法とは前提から結論が必然的に導き出されるタイプの推論であり、前提が正しければ必ず結論も正しいという性質をもっている（妥当ではない演繹法については後述する）。そして、論理学が問題とするのは、あくまでも、簡略化された例で示されるような推論の「形式」であって、PやQの「内容」ではない。

では次に、以下のような例（1b.）を考えてみよう。論証の形式自体は、上記のふたつの例とまったく同じものである。そこで内容のほうも含めて、この論証を確認してほしい。この例には、何かしら違和感をおぼえないだろうか。

（1b.　前件肯定の演繹法）
前提1　気温が低ければ、アイスクリームはよく売れる
前提2　気温が低い
結論　　アイスクリームはよく売れる

「気温が高ければ（当然、暑く感じるので）、ビールの売り上げも伸びる」というのは受け入れやすい前提だが、「気温が低ければ、アイスクリームが売れる」というのはあまり納得できる前提ではない。普通ならビール同様、アイスクリームも気温の高い時期によく売れる商品だと考えられるからである。このため、妥当な論証形式であったとしても、前提の内容の正しさを確かめることなしに推論（論証）を行なうならば、正しい結論が得られる保証はない。この例では「（寒い時期であればあるほど）、アイスクリームがよく売れる」という、なんとも疑問の多い結論が生じてしまう。これは論証形式が妥当であっても、前提の内容が間違っているならば、結論の正しさが保証されない例である。

　もし、この結論に従って、小売店が気温の低い時期にアイスクリームを大量に仕入れるという暴挙を犯したなら、大量の不良在庫をもたらす可能性が高いだろう。このように、経営上の意思決定には推論（論証）形式の妥当性だけではなく、その内容の正しさを確かめることが必ず要求されることになる。これは、ごく当たり前のことであろう。

　さて、上記の例で述べたように、論証の形式が妥当であったとしても、前提の内容が間違っているならば、結論の正しさが保証されないことは、論理学のどの入門書にも必ず書かれていることである。しかし、前提の内容の正しさをさらに追及する論理学の文献はないだろう。論理学が問題にするのは、あくまでも論証における形式の妥当性であり、前提の内容の正しさを確かめることではない。なぜならば、論証の正しさを確かめる作業を現実的にすべて請け負うことは到底、論理学という学問領域には出来ない相談だからだ。確かに、上記の例で取りあげた「気温が低ければ、アイスクリームが売れる」という前提の正しさは、一般常識で判断がつきそうな内容である。だが、内容の正しさがすべて一般常識で判断できるとは限らない。専門知識を必要とするものであれば、なおさらのことである。したがって、内容の正しさについての判断は、論理学が関知できる問題ではない。むしろ、関知したくとも出来ない相談だろう。だからこそ、論証内容の正しさについての判断

Ⅲ　マーケティング実践知の発見

は、論理学の領域外なのである[5]。

では、論理学が論証形式の妥当性だけを扱うのであれば、現実の経営には使えない学問なのだろうか。決して、そうではない。論証形式が妥当であるにもかかわらず、結論の内容に誤りがあった場合、少なくともいずれかの前提の内容に誤りが存在することを論理学は保証してくれるからである。これも少し分かりづらい話かもしれない。

まずは、論理学のいう「妥当な論証」と「妥当ではない論証」とは何なのかを考えてみることにしよう。

論理学的に妥当な論証とは、前提が100％正しければ、引き出された結論も必ず100％正しくなるという特徴をもっている。ちなみに、論理学的に妥当でない論証とは、前提が100％正しくても、引き出された結論が100％正しいとはいい切れない論証のことを意味している。さて、この100％の「真理

---

[5] 前提の内容に関する考察が論理学の領域外だという点について、野矢は次のように述べている。
「例えば「犬という対象を論理学に還元できるか」という問いであれば、一言のもとに「馬鹿を言うな」と答えられるだろう。犬は論理的性質の束ではない。動物を、それゆえ動物学を論理学に還元することは、端的に不可能である。なるほど、「蛇は爬虫類である」と「爬虫類にはへそがない」という前提から「蛇にはへそがない」という結論を導くのは論理の仕事である。しかし、そこで論理が関わっているのは、$\forall x\ (Fx \supset Gx)$、$\forall x\ (Gx \supset \neg Hx) \rightarrow \forall x\ (Fx \supset \neg Hx)$ という形式のみであり、述語 F、G、H がいかなるものであるか、そこで扱われている個体が何であるかといった動物学にとって実質的なことは論理学の範囲ではない。それゆえ、論理学は動物学に仕えることは出来るが、動物学にはなりえない。あたりまえのことである」（野矢　1994, p.157）。
　同じく、前提の正しさを確かめる作業が論理学の範疇ではないという点について、戸田山は次のように述べている。
「論証の結論を信じてよいのは、（1）論証が妥当であり、なおかつ（2）その前提すべてが真である、ときなのである。このとき、その論証は成功している（succeed）と言うことにしよう。論証が成功していればその論証は妥当だが、妥当な論証がすべて成功しているとは限らない。そして、論理学が扱うのは、論証が（1）の意味で正しいかどうか、つまり論証が妥当かどうかということに限られる。論証が（1）＋（2）の意味で正しいかどうか、つまり成功しているかどうかを判定するには、事実についての知識、たとえば映画界についての知識が必要になり、これは論理学者の守備範囲を超えている。だから、論証が（1）＋（2）の意味で成功しているかどうかを判定することは論理学にはできない相談だ。もしそれが論理学の役割だったならば、論理学者は、すべての学問分野とすべての情報に通じていなければならないことになる。だとしたらだれも論理学者になれないだろう」（戸田山　2000, pp.10－11）。

保存性」という妥当な論証の特徴はまさに100%を意味し、いかなる例外も存在しない。したがって、妥当な論証を用いたにもかかわらず、導き出された結論の内容がもし現実的に正しくなかったのだとしたら、少なくとも、推論に用いたいずれかの前提の内容に誤りが存在することになる。

　先ほどのアイスクリームの例を取りあげてみよう。仮に「アイスクリームはよく売れる」という結論が現実的に正しくなかったとする。これが妥当な論証形式によって導き出された結論である以上、現実的にみて、前提1か前提2の少なくともいずれかが正しくなかったことになる。そして、いま仮に、「気温が低い」という前提2については正しいという確認が取れたとするならば、「気温が低ければ、アイスクリームはよく売れる」という前提1はもはや正しいものとして受け止めることができない。いうならば、これは単なる思い込みか勘違いということになる。

　こうしてみると、当たり前といえば当たり前のことにしか過ぎない。だが、結論の内容に誤りがある場合、少なくともいずれかの前提の内容に誤りが存在することを保証できるのは、その推論形式が妥当である場合のみである。もし、論証が100%の真理保存性をもたないのだとしたら、前提の誤りはけっして保証されない。なぜならば、結論が間違いだったとしても、前提が正しい可能性は必ず残るからである。だとすれば、われわれは自分自身の思い込みや勘違い（前提の誤り）を打ち消す拠りどころを失うことにもなりかねない。

　すでに述べたように、論理学とは、われわれが本来的にもっている推論（論証）のルールを明らかにし、100%正しい論証とそうではない論証を区別することを主な研究対象とする学問分野であった。そして、論理学の研究成果は、妥当な論証を用いた場合、結論の現実的な誤りによって、われわれが推論に用いた前提にも現実的な誤りがあることを保証し、場合によっては、ある種の思い込みや決めつけからわれわれを救い出してくれる。これは論理学を現実に応用した場合に享受できるメリットのひとつである。論理学が論証の形式だけを扱う学問領域だとしても、前提の誤りの存在は少なくとも保

証してくれる。この特徴によって、論理学は現実的な応用にも十分価値のあるものとなる。論証の内容に論理学がたとえ無関心であったとしても、現実に論理学が使えないわけではない。くどいようだが、すくなくとも論証形式の妥当性によって、前提に現実的な誤りが存在するという判断には使えるのである。

2．論証の妥当性と認識上の妥当性

　経営における論理的思考と、論理学のいう論理との違いの第2点目として、次のことがあげられる。論理学的な論証の妥当性とわれわれが認識する妥当性との溝は大きいゆえに、われわれはその溝をできる限り意識的に埋める努力をしなくてはならないということである。こちらも分かりくい問題であり、そして、とても重要な議論を秘めている。例を取りあげて考えてみよう。

　まずは、論証形式の妥当性と理解しやすさ（われわれが論証を妥当と容易に認識できるかどうか）について考えてみたい。以下に取りあげた例は、これまでみてきた「妥当な演繹法（前件肯定の演繹法）」とよく似た形式をもつ論証である。前提1と2は、いずれも正しいものとする。果たして、これらは妥当な論証だろうか。少し考えてほしい。

（2．前件否定の演繹法）
前提1　気温が高ければ、ビールはよく売れる
前提2　気温が高くない
結論　　ビールはよく売れない

（3．後件肯定の演繹法）
前提1　気温が高ければ、ビールはよく売れる
前提2　ビールはよく売れる

結論　　気温が高い

（4．後件否定の演繹法）
前提1　気温が高ければ、ビールはよく売れる
前提2　ビールはよく売れない
結論　　気温が高くない

　実は、2の前件否定式と3の後件肯定式は妥当でない論証であり、4の後件否定式は妥当な論証である。では、2の前件否定式の演繹法の妥当性から考えてみよう。
　まず、前提1が述べているのは、「気温が高ければ、（必ず）ビールがよく売れる」というある種の普遍的な法則性である。ただし、前提1の「裏」にあたる内容、つまり「気温が高くなければ、ビールがよく売れない」については保証の限りではない。たとえば、寒い年末の時期に正月用のビールをしっかり買いだめする場合もあるだろう。このことは、前提1の「気温が高ければ、ビールはよく売れる」と矛盾するわけではない。前提1が述べているのは気温が高いときの話だけであって、気温が高くないときの話についてはまったく関知していないからである。したがって、気温が低く、寒い時期ならビールなんて売れないと決めつけるのは正しくない。もし、寒い時期にビールなんて売れないと考えて、在庫を極端に少なくしてしまったら、その小売店は機会損失という痛手を負うことになってしまう。
　では次に、3の後件肯定式について考えてみよう。これは、先ほどの前件否定式と同じように考えてみると分かりやすい。まず、前提1が述べているのは、「気温が高ければ、（必ず）ビールがよく売れる」というある種の法則性である。ただし、前提1の「逆」にあたる内容、つまり「ビールがよく売れるならば、気温は高い」についてはまったく保証していない。先ほどと同じく、ビールの売上げの伸びる時期が、正月を間近にひかえた寒い年末である場合も考えられるだろう。そして、このことは、前提1の「気温が高けれ

Ⅲ　マーケティング実践知の発見

ば、ビールがよく売れる」と矛盾するわけではない。したがって、ビールがよく売れるなら、必ず気温も高いと決めつけるのは正しくない。

　次に、4の後件否定式の妥当性について考えることにしたい。前提1の「対偶」にあたる内容は、「ビールがよく売れないならば、気温は高くない」である。このことは前提1とまったく矛盾しない。前提1が示すように「気温が高いときに、(必ず) ビールが売れる」のだとしたら、「ビールが売れないなら、(少なくとも) 気温は高くない」はずである。もし、気温が高いにもかかわらず、ビールが売れないとしたら、それこそ、前提1と矛盾してしまうからである。つまり、「ビールがよく売れないならば、気温は高くない」は、前提1と本質的に同じ内容ということになる。したがって、4の後件否定式で示されるように、「ビールがよく売れない」から「気温は高くない」という結論を引き出すのは妥当な論証である。

　以上述べたように、論理学は妥当な論証とそうでない論証形式を判別することによって、前提が正しくても結論の正しさが保証されない場合があることを指摘してくれる。これによって、われわれの陥りがちな思い込みや勘違いが示唆できるという点は、論理学のもつ現実的なメリットである。だが、2と3が正しくなくて、4が正しい論証だといわれても、すぐさま、その妥当性や非妥当性を理解するのは難しかったのではないだろうか。少なくとも、最初に取り上げた1の前件肯定の演繹法にくらべて、妥当だと認識するのは難しかったはずである。このように、論証形式の妥当性とわれわれの認識する妥当性との間には溝がある[6]。

6　論証形式の妥当性とわれわれの認識する妥当性との間の溝に関しては、認知心理学において多くの実証研究がある。しばしば取り上げられる例として、「4枚カードの問題」という実験がある（安西 1985、市川 1997）。ここでは、安西の著作からそのあらましを紹介したい。
「いま、図9のように、一方にアルファベット、もう一方に数字が書かれた4枚のカードがある。ただし、あなたには図9の「一方の側」のほうが見えるが、「もう一

図9
・一方の側
・もう一方の側（問題を解いているときには見えない）

D　3　B　7
3　K　5　D

第8章　経営における論理的思考

　このことから得られるインプリケーション（言外の意味）のひとつは、分かりにくい論証ルールよりも分かりやすい論証ルールを使ったほうがいいということである。ただし、この意味でいうと、論理学的な論証の妥当性とわれわれが認識する妥当性との溝は、実際のところ、さほど深刻な問題にはならないだろう。少なくとも一般的に考えて分かりやすい論証ルールのほうが自分も理解しやすいし、相手にも伝わりやすいというだけのことである。つまるところ、われわれは論理学者ではなく、論証形式の妥当性を専門に研究

方の側」は裏になっていて見えない。このとき次の問題を考えていただきたい。
「『一方の側にDと書いてあるならば、もう一方の側は3である』ことが正しいかどうかを判断するためには、最小限どのカードをめくってみればよいだろうか。」
（中略）実は、この「4枚カードの問題」の場合は、図9の中の［D］と［7］のカードをめくればよく、実際そうしてみると、「一方の側にDと書いてあるならば、もう一方の側は3である」というのは間違いであることが分かる。（中略）つまり、［D］をめくってみるとその裏が3で、［7］をめくってみるとその裏がDでなければ、もとの文は正しい。しかし図9の場合は、［7］の裏がDなので、もとの文は誤りなのである。
実は、この「4枚カードの問題」は、短時間で解こうとすると、かなり難しい。もしもこの問題があなたには初めての問題で、しかも1分以内にカードの正しいめくり方を見つけたのなら、あなたは抽象的な思考に相当慣れた人だ。実際、イギリスの心理学者ウェイソンが図9と同じ条件で行なった古い実験によると、［D］と［7］のカードをめくると答えたのは、34人のうち1人に過ぎなかったし、同じことを日本の大学生で実験しても、短時間のうちに正しい答えを出す人はかなり少ないのである」（安西　1985, pp. 101–102）。
　安西の著作で紹介された、この「4枚カードの問題」はかなり抽象化された実験であるが、これまでに取り上げた「気温が高ければ、ビールはよく売れる」の例と非常に似通ったものである。
　まず、「Dならば3」という前提の正しさを確認するためには、［D］のカードをめくって、もう一方の側が3であることを確かめなければならない。これは非常に分かりやすい問題である。だが、これだけでは前提の正しさが十分確認できたとはいえない。もし、［3ではない数字カード］のもう一方の側がDであるならば、それこそ、「Dならば3」という前提と矛盾してしまうからである。だから、確かめなければならないカードは、［D］と［3ではない数字カード］になる。だが、この解答に至るのは難しい。この実験例が示すように、前提「Dならば3」とその対偶の「3ではないならば、Dではない」が本質的に同じだということに、われわれはなかなか気づけないのである。
　ちなみに、この実験では、過半数の人が［D］と［3］のカードを選択するという。もうお分かりかもしれないが、［3］のカードのもう一方の側がDでなかったとしてもまったく問題はない。「Dならば3」という前提が保証しているのでは、あくまでも［D］のカードのもう一方の側が3であるということだけであって、［3］のカードのもう一方の側についてはなんら保証していないからである。だから、この問題で、［3］のカードのもう一方の側をチェックすることはまったく無意味ということになる。

しているのではないのだから、一般的に考えて、分かりやすい形式で論証したほうがいいということに尽きる。

　しかしながら、本当に重要なインプリケーションはそれではない。それは、われわれが妥当な推論もそうでない推論のどちらも十分しがちな存在だということである。というのも、われわれが本来もっている推論（論証）のルールは暗黙的であり、われわれはそれを意識することなく日常的に用いているということであった。もちろん、われわれがもつ推論ルールのすべてが妥当なものとは限らない。事実、暗黙的なルールを明示化し、そのルールが妥当であるかどうかを明らかにすることが論理学の目的でもあるからだ。だとしたら、推論が妥当であるかどうかをあえて明示的／意識的にチェックしない限り（ともすれば、チェックしたつもりでも）、われわれは非妥当な推論を行っていることにふだん気がつきにくい存在であろう。

　たとえば、これまでの例で取り上げたように、「気温が高ければ、ビールがよく売れる」という前提が正しいとしよう。このときに、「ビールがよく売れるならば、気温は高い」とか「気温が高くなければ、ビールはよく売れない」とか考えることは、われわれにとって、けっして不思議なことではない。論理学的に見れば妥当ではない推論かもしれないが、このように推測するのは、われわれにとってごく当たり前のことなのである。

　つまり、論理学的な論証の妥当性とわれわれが認識する妥当性との溝に関する最も重要なインプリケーションとは、「われわれが当たり前のように思い違いや勘違いを犯しやすい存在であり、その思い違いや勘違いに当たり前のように気がつかない存在だ」ということである。では、次の例をみてほしい。これもまた、われわれが当たり前のように推測しがちなひとつの例である。

（5．われわれのありがちな推測）
前提1　A社は、注ぐときにピコピコ音がなる容器のビールを売り出した
前提2　B社は、かわいいペンギンの形をした容器のビールを売り出した

第8章　経営における論理的思考

　結論　　まずいな。わが社も、もたもたしてはいられない

　これは、すでにお分かりかもしれないが、1980年代前半から中盤にかけてわが国で起こったビール業界の「容器戦争」という実話をモチーフにしている。この時期には、ジョッキ型容器、たる型容器、卵型容器、音が出る容器、ペンギンの形をした容器など、さまざまなタイプの容器が開発され、そして実際に発売された。これらの新製品は一時的に注目されたことは事実なのであるが、すぐに飽きられ、また新しい容器の開発そして販売というサイクルが長期にわたり繰り返された。結果的にみれば、これらの容器が長期的なシェアの向上とその維持に貢献することはなく、この戦争は不毛でしかなかったといえる。実際、この容器戦争の締めくくりは、容器の目新しさではなく、ビールの味と鮮度で勝負したアサヒビールの圧勝で終わることになる。そして、この時期のビール・メーカーが行ったと思われる推論をかなり単純化したのが、上記の例である。

　さて、上記の例では一見してお分かりのように、前提と結論が存在するだけで、まったく推論（論証）としての妥当な形式を整えていない。その意味で、論理学的には間違いなく非妥当な推論であり、結論の現実的な正しさもはなはだ疑わしいことになる。その限りでは単純に間違った推論と片づけてしまえばいい。だが、本当の問題は「そこ」にはない。なぜ、このような悪循環が長続きし、どのビール・メーカーも何の疑いももたず、なんとも変わった容器の開発にいそしんだのかというところにある。もちろん、理由づけはいくつもできるだろう。

　その理由のひとつとしては、この推論の全体像が明示化されず、いくつかの部分が暗黙的に隠されていたことが考えられる。つまり、不毛な容器戦争が繰り返された理由とは、推論プロセスがすべて明示化されていない以上、その推論の一部が暗黙的に受け入れられた可能性が高いこと。そして、その推論プロセスのどこかが間違っていたとしても、それを確かめることができなかった点にあるのではなかろうか。

Ⅲ　マーケティング実践知の発見

　では、こうした暗黙的な部分を明示化する上で、論理学は果たして役に立つのだろうか。結論からいえば、論理学はとても役に立つ。それは、過去に起きた出来事を単に後付で解釈するために役立つというだけではなく、その悪循環の只中から抜け出すヒントをもわれわれに与えてくれるからだ。その意味で、論理学はきわめて実践的な学問でもある。

　だとすれば、どのようにして論理学は実践的なツールとして役立つのであろうか。一言でいうと、論理学が明らかにした明示的な推論ルールを逆利用することによって可能になる。繰り返し述べるように、われわれが本来的にもち、それに従わざるを得ない暗黙的な思考ルールの全容を明らかにするのが論理学の究極の目的であった。そして、われわれの思考ルールの全容はまだ解明されていないとしても、明示化された推論ルールはかなりある。こうしたルール、つまり、われわれが本来もっているはずの思考ルールであり、なおかつ、すでに論理学によって明示化されたものを利用することによって、われわれの思考（推論）プロセスの暗黙的な部分を推測することも可能なのである。これも分かりづらい話なので、例を用いて説明することにしたい。

　下記の例は、妥当な演繹法を用いて、暗黙的に隠されていた推論プロセスの全体像を逆に推測したものである。本来、推論というのは前提から結論を引き出すものであるが、それとは逆に、「もし、ある種の推論形式が使われたのであれば、どのような前提が必要になるのか」を推測することも可能である。下記の例で、二重括弧（『……』）で囲まれているのは、暗黙的に想定されたと思われる前提と、そこから引き出された暗黙的な結論である。

（6．推論プロセスの全体像）
前提1　A社は、注ぐときにピコピコ音がなる容器のビールを売り出した
前提2　B社は、かわいいペンギンの形をした容器のビールを売り出した
前提3　『目新しい容器のビールは消費者に歓迎される（つまり、よく売れる）』

第8章　経営における論理的思考

結論　　『A社とB社の売り上げは伸びる』

前提1　『A社とB社の売り上げは伸びる』
前提2　『市場のパイ（売上げ総量）は限られている』
結論　　『わが社の売上げは減少する』

前提1　『わが社の売上げは減少する』
前提2　『売上げが減少するのは、まずい』
結論　　まずいな。わが社も、もたもたしてはいられない

　正しい論証（推論）の枠組みで捉えた場合、先ほどの例で欠落していた最も重要な暗黙的前提は『目新しい容器のビールは消費者に歓迎される（よく売れる）』であろう。こうした前提を置くならば、ライバル他社が次々と目新しい容器の新製品を売り出している事実を目の当たりにする限り、わが社も当然ながら、もたもたしてはいられない。なぜならば、ライバル他社にどんどん先を越されてしまうのは明白だからだ。そこで、わが社がやらなくてはならないことは何か？もちろん、それは『目新しい容器を開発する』ことである。
　さて、『目新しい容器のビールは消費者に歓迎される（つまり、よく売れる）』が、もし隠された前提であったとしたら、それは暗黙的であるゆえに、当人には気づきにくい前提であろう。そして、気づきにくいゆえに、その前提の正しさは意識の俎上で吟味されることもなく、暗黙的に受け入れられたままになるはずだ。そこで問題となるのは、ライバル他社も同じ暗黙の前提をもっていたらどうだろうかということである。ある企業の作り出した新製品の容器が目新しいものであればあるほど、同種の暗黙の前提を抱いたライバル他社は、さらに目新しい容器の開発に躍起になるだろう。そして、さらにさらに……という具合に、この悪循環は続いていく可能性が高い。
　もちろん、暗黙的な前提が正しいものであるならば、なんの問題もない。

だが、前提が正しくなかったとしたら、結論の正しさは保証されない。また、正しくない結論に従うのであれば、不毛な結果を生み出す可能性も否定できない。実際、上記の例では不毛な悪循環が長年にわたり繰り返されたわけなのだが、ここで、さらに議論すべき重要な問題は、こうした悪循環の只中で、経営者や実務家がこの不毛な結果をもたらしかねない意思決定をストップできるかどうかである。

結論からいうと、それは難しいはずだ。結論の正しさが保証されないにもかかわらず、経営者や実務家は自らが下した『目新しい容器を開発する』という結論に従わざるを得ない。なぜならば、『目新しい容器のビールは消費者に歓迎される（つまり、よく売れる）』が暗黙的な前提であるゆえに、経営者はその前提を暗黙的に受け入れざるを得ないし、そもそも論理とは、われわれがそれに従わざるを得ない思考のルールでもあるからだ。前提とルールを暗黙的に受け入れる以上、そこに悪循環からの脱出口は到底見つけられない話である。

では、こうした悪循環から逃れ出ることはまったく不可能なのだろうか。結論から述べるならば、それは必ずしも不可能というわけではない。悪循環から逃れるためのトリガーは現実に存在する。少なくとも、それは2種類あるはずだ。ひとつは、自らの繰り返してきた悪循環を決定的なまでに思い知らされるような出来事が生じた場合である。つまり、自社の売上げがガクンと減少した事実に打ちのめされた後になって、目新しい容器に意味がないことを決定的に思い知らされ、やっと自らの誤りに気づくときである。

そして、もうひとつは、論理学が明らかにした推論ルールを意識的に利用することで、『かつて暗黙的であった前提』の存在に気づくことができたときである。これによってはじめて、われわれはガクンと現実に打ちのめされる前に、意識的に『かつて暗黙的であった前提』を吟味できることになる。つまり、「その前提が正しいとするならば、どのような事実が結論として得られるか」、また、「その前提が間違っているとしたら、どのような事実が結論として得られるか」を現実に即して、意識的に確かめることが可能になる

第8章 経営における論理的思考

のである。

　このように『かつて暗黙的であった前提』が意識の俎上で吟味され、もし、その前提から導き出される結論が事実と一致しなかったのであれば、その前提は反証された（falsified）ことになる。そして、この反証されたという事実は、自分がかつて暗黙的に受け入れていた前提が正しいものではなく、単なる思い込みに過ぎなかったことを意識的に確認する瞬間に他ならない。では、前者と後者、どちらのほうが好ましいであろうか。それはいうまでもない。後者である。

　さて、この例では、『目新しい容器のビールは消費者に歓迎される（つまり、よく売れる）』を暗黙的な前提とおいたが、もちろん他にもたくさんあるだろう。その意味では、明示的な推論のルールを逆利用してみても、隠されていた前提が必ずしも明白になるとは限らない。

　だが、その前提が自分にとってごく当たり前に思えることであり、これまで確かめようともしなかったことであれば、その前提は隠されていた可能性が高いだろう。そして、その前提から導き出される結論が現実的にみて正しいものではなかったとしたら、結果的にみて、その前提は単なる思い込みや決めつけに過ぎなかったことになる。

　実際、われわれは自分のもっている前提を疑うよりも、むしろ前提に合うように事実のほうをねじ曲げたり、こじつけ解釈をしたり、時には前提に合わない事実を無視したりする傾向をもつことが、認知心理学における多くの実証研究によって明らかにされている。そして、これらの研究から引き出される結論もまた、それが当たり前に思えるからこそ、その誤りから逃れにくいにくいという事実である[7]。

---

[7] これらは、いわゆる先入観によく見られる特徴である。先入観とは、限られた事実（最初に知った事実や強く印象に残った事実など）によって作り上げられた固定的な観念である。また、先入観にとらわれたわれわれは、思い込みに合わない事実を無視したり、それを隠蔽したりする傾向があるといわれる。だとすれば、こうした観念から逃れることは難しいはずだ。それが誤りであるにもかかわらず、その誤りをわれわれは逆に守ろうとしているからである。

Ⅲ　マーケティング実践知の発見

　ただし、ここでガックリする必要はない。なぜならば、こうした事実は、悪循環の只中でわれわれを救い出してくれる可能性を本質的に秘めているからだ。これまで述べたように、推論ルールを逆利用することによって、暗黙の前提を明示化し、さらにその前提を反証することによって、こうした思い込みや決めつけからの脱出が可能になる場合がある。これは、自分にとって正しく思えることと、現実的に正しいことの溝の大きさを理解した瞬間に他ならない。つまり、これは自らの認知的錯誤を乗り越えたことを示す「気づき」の瞬間なのである。

　このように、われわれは当たり前のこと（隠れた前提）を当たり前だと受け止めるからこそ、逆にその隠れた前提のことに気づかない。だが、当たり前のこと（隠れた前提）を明示化してくれるのもまた、われわれが当たり前にもっている思考のルール、つまり、論理なのである。たしかに、自分の暗黙的な前提がはっきりと覆されるような事実に打ちのめされたあとでは、すでに手遅れである。だが、自らが作り出し、自らがそれに従う暗黙的な前提に気づくことのできる機会は、必ずしも事後的であるとは限らない。論理を意識的に利用することによって、逃れられそうもない認知的錯誤の只中においても、「気づき」の瞬間を体験することは可能なのである。

　以上述べたように、論理学が明らかにした推論ルールは、形式の妥当性によって、前提の内容に誤りが存在することを保証してくれるだけではない。われわれが暗黙的にもっている前提を明るみに出すことによって、間違いであるにもかかわらず、（暗黙的であるゆえに）逃れることが困難な思い込みや決めつけからわれわれを救い出してくれる。つまり、われわれの思考の誤りが暗黙的なものであれ、推論プロセスの全体像を明示化することによって、その内容の誤りを示唆できること、これは論理学を現実に応用した場合に享受できる大きなメリットのひとつである。たとえ、論理学が推論（論証）形式の妥当性だけを取り扱う学問であったとしても、論理学が明らかにした推論形式を現実に応用することによって得られるメリットはきわめて大きいことになる。

3．妥当でない論証と仮説構築

　経営における論理的思考と、論理学のいう論理との違いの第3点目として、次のことがあげられる。論理学において、推測（推理）とは「妥当でない推論（論証）」である。だが、経営者や実務家にとって、その多くは経済的なメリットを生み出す「仮説構築のルール」でもある。これも若干分かりづらい話なので、少しまわりくどくなるが、順を追って考えてみたい。まずは、論理学的にみて妥当ではない論証の例を取り上げてみよう。

（7．帰納法）
　前提1　気温が高かった昨日は、ビールがよく売れた
　前提2　平均気温が高かった昨年は、ビールがよく売れた
　結論　　気温が高ければ、ビールはよく売れる

　これはおなじみの帰納法（induction）である。帰納法は個々の経験的な事実を集め、そこから共通点や普遍的な法則性を引き出すというタイプの推論ルールである。われわれは自分の主張（結論）の根拠（前提）として、いくつかの経験的事実をあげる場合がよくある。また、その主張を聞いた相手も「それはもっともだ」と納得する場合が多いだろう。そういう意味では、明示的な形で、お互いが分かり合えそうな推論ルールのひとつでもある。
　ただし、「そうでもないのでは？」とその主張に矛盾する経験的事実をあげて、反論する人が出てくるかもしれない。これもまた、もっともな話である。というのも、帰納法は、限られた事実からすべての事例に当てはまるようなある種の普遍的な法則性を導き出すため、その結論が必ずしも正しいかどうか分からないという特徴をもっているからである。このため、事実を完全枚挙しない限り、帰納法は論理学的には妥当でない論証のカテゴリーに含められる。

Ⅲ　マーケティング実践知の発見

　とはいっても、帰納法は、われわれがふだんよく使う推論の形式である。論理学的にみて非妥当な論証だという理由だけで、もし帰納法が使えなかったとしたら、これは不便きわまりない話である。そこで、「帰納法はふだんよく使いますので、なんとか、こいつだけは見逃してもらえませんか」と論理学者に泣きついたとしても、この努力は絶対無駄になるだろう。そもそも論理学とは、正しい論証とそうではない論証を峻別することを主な研究対象にしている学問領域だからである。

　では、論理学的にみて妥当ではない論証だから、使ってはダメなのかといえば、決してそうではない。もちろん、論理学を無視するわけではない。論理学的な作法にしたがった上で使えばいいだけの話である。帰納法から導き出された結論は、たしかに100％正しさが保証されたものではない。だが、間違っているともいい切れない。その正しさがまだ確かめられていない仮説に過ぎない。そして、まだ確かめられていない仮説であることさえしっかりと認識していれば、論理学の作法に反したことには決してならない。だから、この例の結論は、「気温が高ければ、ビールが売れる（その正しさが100％検証された法則）」ではなく、「気温が高ければ、ビールが売れるだろう（まだ、その正しさが100％検証されていない仮説）」が正しい表現となる。そして、仮説を作り出すという目的で帰納法を使用することにもまったく問題はない。むしろ、推測（もしくは推理）ルールの多くは仮説構築に適したものなのだから、ガンガン使えばいいのである。

　さて、帰納法が妥当ではない論証だという一般的な理由は上述した通りだが、論理学的にいうと、それは「帰納法的飛躍」の問題とよばれる。では、帰納法的飛躍とは何なのだろうか。これは、妥当な演繹法との対比で考えると分かりやすいだろう。

　まず、妥当な演繹法では、引き出された結論は前提のなかにすでに存在している情報に過ぎない。たとえば、「気温が高ければ、ビールが売れる」というある種の普遍的な法則性をもった前提が100％正しいならば、「気温が高い」という経験的事実が正しい限り、「ビールが売れる」という結論はごく

あたり前に引き出されることである。

　このように、「気温が高ければ、ビールが売れる」という前提が100％正しいということは、どのような場合にも、この前提が通用することを意味している。であるならば、個別の事象に当てはめた場合の「（今日）気温が高いならば、（今日）ビールがよく売れる」という前提が通用することも当然、すでに保証されていることになる。もちろん、括弧の中の日付を変えても正しさは同様に保証されているはずだ。明日についても、あさってについても、そして、場所をたとえ変えたとしても、「気温が高ければ、ビールが売れる」ことは100％間違いない。このような意味で、妥当な演繹法から引き出された結論とは、すでに前提のなかに含まれており、この論証によってつけ加えられる新しい情報はひとつもない。つまり、妥当な演繹法とは、新しい情報が付け加えられていないゆえに、妥当な論証になるわけである。

　これに対して、帰納法によって引き出された結論は、前提に存在しない事実（完全枚挙できる事実から、すでに経験された事実を差し引いたもの）をつけ加えることによって、情報量が確実に増大することになる。そして、この前提には存在しない事実（＝増加した情報量）が正しいと確認されない限り、帰納法は妥当な論証とはみなされない。繰り返すように、論理学的な見地からすると、（完全枚挙ではない場合の）帰納法とは、あくまでも「飛躍」を必要とするものだからである。

　「なんだか、だまされているような気がする」と感じた人もいるだろう。そもそも、妥当な演繹法の例で使った「気温が高ければ、ビールが売れる」という前提自体、100％正しいとはいえないのではないのか。このような疑問が浮かんでくるのも当然である。そもそも経験的な事実と照らし合わせることのできるような法則性とは、経験的な事実と照らし合わせることができるという事実によって、すでに本質的に仮説であることが明らかだからである。

　したがって、その正しさが100％まだ確認されていない仮説と経験的な事実から演繹的に引き出される結論は、もちろんのことながら、100％正しい

とはいい切れない。「気温が高ければ、ビールが売れるだろう」という仮説と「今日の気温は高い」という経験的な事実から、「今日はビールが売れるだろう」という未知の予測が引き出されただけである。いうならば、この未知の予測とは、仮説から演繹的に導き出された予言（prediction）にしか過ぎない。

　また、この予言（未知の予測）が実際に的中したとしても、「気温が高ければ、ビールが売れる」という仮説が100％正しいと認められるわけではない。ただ単に、「気温が高かった今日は、ビールがよく売れた」という事実の裏づけがひとつ、仮説に加わっただけのことである。なぜならば、この仮説には、まだ完全に枚挙できていない未知の予測が含まれていることは明らかであり、その意味で、この仮説の普遍的な法則性が100％正しいと認められたわけではないからだ。つまるところ、間違っている仮説として棄却されなかっただけの話である。ちなみに、仮説から演繹的に未知の予測を導き出し、その予測が現実的に正しいかどうかを確かめる手法は、科学的方法論では「仮説演繹法（hypothetico-deductive method）」と呼ばれる。

　繰り返し述べてきたように、論理学とは論証の形式を主に扱い、その内容については関知しない（というか、関知できない）学問領域であった。つまり、論証の形式のみによって、その論証が妥当なものかどうかを判断するのであり、「前提が正しいと仮定するならば、結論も必ず正しくなるかどうか」が、その判断基準となる。先ほどの演繹法で取り上げた「気温が高ければ、ビールが売れる」という例は、この論理学の作法に従って、前提が100％正しいものと仮定しただけの話に過ぎない。だから、現実的に前提の内容を含めて議論する場合には、100％正しいという前提自体に無理が生じてきても、なんら不思議はないのである。

　では、先ほどの演繹法の例は、ただの机上の空論ではないのかという疑問が湧いてくるかもしれない。さらに、論理学は現実にはやはり使えないといった感想も浮かんでくるかもしれない。しかし、それは間違いである。演繹法を使った局面をもう一度振り返ってもらいたい。先ほどの例では、妥当な

演繹法が論証の現実的な正しさを保証してくれる点で有益だとは一言も述べていない。

むしろ、その逆である。論理学が有益なのは、妥当な論証と非妥当な論証の形式を判別し、論証の現実的な誤りを示唆してくれる点にある。つまり、非妥当な論証形式を用いた場合には、仮に前提が正しかったとしても、結論の正しさは保証されない。また、妥当な論証形式を用いた場合、結論が現実的に正しくなかったとしたら、前提に誤りのあることを保証してくれる。こうしたメリットは依然として存在するのである。

では、話をもう一度、帰納法に戻そう。帰納法とは、情報量が増加するゆえに「飛躍」であり、妥当な論証の形式となりえなかったわけだが、情報量の増加自体はけっして悪いことではない。むしろ、現実的にみて大きなメリットをもっている。それは、情報量が増加するゆえに、仮説を未知の状況に当てはめる余地を結果として生み出すからである。

またもや、ビールのネタで申し訳ないが、「気温が高ければ、ビールが売れるだろう」という仮説を例にとって考えてみたい。この仮説は、われわれがまだ経験していない未知の予測を明らかに含んでいる。それは「明日、気温が高かったら、ビールが売れるだろう」であったり、そして「あさってについても、また、その次の日にも同じことがいえるだろう」であったりするはずだ。つまり、経験的な事実をいつまでも完全枚挙できないゆえに、仮説は本質的に無限の応用可能性をもっている。

では、仮説を未知の状況に当てはめることに現実的なメリットはあるのだろうか。それはもちろんある。たとえば、上記の仮説に基づいて行動する小売店と、その正しさがまだ100％確かめられていない仮説など一切使わないという頑固な小売店（よく分からない小売店です）が仮にあったとする。この場合、仮説の現実適合性（未知の予測が現実に当てはまりやすいこと）が高ければ高いほど、前者の経済的なパフォーマンスは後者を上回る可能性が高い。気温が高いときには在庫を多めにもつことによって、機会損失を防げる可能性が高いからである。

Ⅲ　マーケティング実践知の発見

　もちろん、仮説が事実によって正しくないと却下される場合もあるだろう。そのときは、また別の仮説構築に取り組めばいいだけの話だ。おまけに、仮説はひとつしかもてないというものでもない。おおむね、どのような仮説構築の局面においても、経験的事実は完全枚挙できないほどあるのだから、仮説構築のネタに事実上困ることもない。そして、現実適合性の高い仮説をいろいろともっていればいるほど、その小売店のパフォーマンスは向上し、経済的なメリットを享受できる可能性も高くなるはずだ[8]。

第5節　むすび

　論理学を現実に応用した場合に享受できるメリットのひとつは、「仮説構築」に役立つという点であった。帰納法に代表されるような非妥当な論証とは、情報量が増加するゆえに「飛躍」でしかなかったわけだが、情報量の増加自体はけっして悪いことではない。非妥当な論証の多くは推測（推理）のルールであり、情報量の増加ゆえに現実的なメリットを秘めている。なぜならば、情報量が増加するゆえに、仮説を未知の状況に当てはめ、そこから現実的なメリットを引き出す余地を結果として生み出すからである。

　ただし、仮説が正しいとは限らない。なぜならば、仮説とは飛躍であり、本質的に誤りを含む可能性があるからだ。また、われわれが本来誤りを犯し

8　なぜ、われわれは科学が生み出した知識体系を現実に応用することによって、さまざまなメリットを得ることができるのだろうか。その最も重要な理由とは、それらの法則が幾度も現実適合性のチェックを受けてきたという事実にある。だが、同様に見逃せない事実としては、それらの法則が現実に応用できるという点で、絶対的な真理とはいえないからである。つまり、われわれは100％正しい科学的な法則を現実に応用することによって、さまざまなメリットを享受しているのでは決してない。その正しさがまだ100％確かめられていない未知の予測を現実に当てはめているに過ぎない。だが、現実に当てはめることが可能で、そこからさまざまなメリットを得ることができるのも、科学の生み出した法則の多くが現実に応用可能だという事実において、本質的に仮説だからである。

やすく、その誤りにも気がつきにくい存在であるならば、その仮説は単なる思い込みや決めつけである可能性が否定できない。おまけに、仮説構築が暗黙的におこなわれるならば、思い込みが存在することにすら気づかない場合も考えられる。つまるところ、その仮説が明示的なものであれ暗黙的なものであれ、単なる思い込みに過ぎないのであれば、経済的なデメリットをもたらす可能性もまた否定できないことになる。

　だが、論理学を現実に応用した場合に享受できるもっとも大きなメリットとは、われわれの思考の誤りを示唆してくれる点にある。たとえば、論証形式の非妥当性によって、前提が正しくても結論の正しさが保証されないことを指摘してくれる。また、論証形式の妥当性によって、結論が現実的に正しくない場合には、前提に誤りが存在することを保証してくれる。そして、われわれのもっている前提が、たとえ暗黙的なものであったとしても、論理というツールは、その隠された前提を明るみに出し、その前提を意識的に吟味できる機会をあたえてくれる。これによって、われわれは逃れることが困難な思い込みや決めつけの存在に気づくことができる。たとえ、論理学が推論（論証）形式の妥当性にのみ関心をもつ学問領域であったとしても、推論の形式を現実に応用することによって得られるメリットはきわめて大きいことになる。

　このように、論理学は、経営活動における「仮説構築」と、その仮説の「現実的な非妥当性の確認」というふたつのプロセスに有意義なツールを提供することによって、企業が経済的なデメリットをこうむる可能性を狭め、経済的なメリットを享受できる可能性を大きく広げてくれる。つまり、論理学が明らかにした思考のルールは、経営においても非常に役に立つものだと結論づけられる。

　ただし、われわれのもつ思考のルールを明らかにすることと、それらのルールのうちでどれが妥当なルールなのかという判断は、確かに論理学の仕事であるが、それらのルールを使って実際に推論する作業は、経営にかかわるものが行うべき作業である。

Ⅲ　マーケティング実践知の発見

　たとえば、妥当ではない論証を使って「仮説構築」を行う局面に、論理学者の手を借りることは不可能である。いくら経済的なメリットが十分期待できる仮説であったとしても、論理学者から期待できるアドバイスは「それは非妥当な論証である」の一言だけだろう。なぜならば、経済的なメリットの有無は、経営活動がもつ独自的な判断基準であり、論理学の判断基準には含まれないものだからである。

　また、妥当な論証を使って、その仮説の「現実的な非妥当性の確認」を行なうことについても同様である。なぜならば、前提や結論の内容の現実的な正しさを確かめる作業は、そもそも論理学の範疇ではないからである。さらに、論理の妥当性と認識上の妥当性との溝を埋める作業についても同様である。仮に経営者が自らの認知的錯誤を乗り越え、暗黙的な前提を明らかにし、経済的なデメリットが生じる可能性を排除できたとしても、論理学にとってみれば、意味のない作業にしか映らない。経済的なメリットの有無を判断する作業はもちろんのこと、論証の妥当性と認知的な妥当性の溝を埋めることは、論理学の関知するところではないからである。

　このように、「論理学がいうところの論理」と、「経営に求められる論理的思考」との間に存在する最も大きな相違点とは、「仮説構築プロセス」とその仮説の「現実的な非妥当性の確認プロセス」の局面に数多く存在する作業、つまり、経営に役立つと思われる知識構築のための作業そのものに他ならない。そして、このふたつのプロセスに数多く存在する作業において、論理学者の手を借りることは、ほとんど期待できないだろう。いくら経済的なメリットを生み出してくれる作業であるとしても、それは論理学の範疇ではないからである。つまり、「経営における論理的思考」とは、論理学をベースにしながらも、経営活動ならではの要素を多分にもつ独自的な領域であると結論づけられる。

　さて、本章で議論を重ねてきた「経営における論理的思考」において、「仮説構築プロセス」とは経済的なメリットをもつ情報を作り出すもの、そして、その仮説の「現実的な非妥当性の確認プロセス」とは生み出されたそ

の情報を打ち消すものに他ならない。一見したところ、このふたつのプロセスはお互いに矛盾するように見える。

だが、このふたつのプロセスはお互いに矛盾するものでは決してない。もし、「仮説構築プロセス」だけであれば、われわれのもつ知識の少なくとも幾分かは勘違いや思い込みの産物にしか過ぎない。また、その仮説の「現実的な非妥当性の確認プロセス」だけであれば、われわれに新しい知識が生み出されることも決してない。このふたつのプロセスがお互いに作用しあうことによってのみ、増加した情報量は現実から決して離脱することなく、現実適合的で、なおかつ経済的なメリットをもつ健全な知識体系として蓄積され得るのである[9]。

参考文献

赤川元昭（1997），「知的情報資源創出のためのマネジメント・コントロール・システム」『慶應義塾大学学位申請論文』.

赤川元昭（2006a），「経営実務における論理的思考：ビジネス・パーソンに必要な論理的思考とは？」『流通科学大学流通科学研究所ワーキングペーパー』No.55.

赤川元昭（2006b），「ロジカル・シンキングは、ビジネス・パーソンになぜ支持されるのか（パート1）」『流通科学大学論集－流通・経営編』19（1），53－

---

[9] 「仮説構築プロセス」とその仮説の「現実的な非妥当性の確認プロセス」は、経験科学だけに適合する知識創造と蓄積のメソドロジーではない。赤川は、「仮説構築プロセス」つまり情報を生み出すものを「クリエイター・メカニズム」と呼び、その仮説の「現実的な非妥当性の確認プロセス」つまり生み出された情報を打ち消すものを「フィルター・メカニズム」と呼んで、このふたつのメカニズムの相互作用が、企業にとって有益な知識体系を作り出すことを論じている。しかも、その検証材料にあげられたのはテレビゲーム業界というアミューズメントの世界である。ご存知のように、アミューズメントとは、その仮説が正しいか正しくないかという判断基準が通じる世界では決してない。個人にとっての楽しさや目新しさが重要な判断基準になる世界である。したがって、その判断基準もおのずから多義的なものにならざるを得ない。にもかかわらず、「クリエイター・メカニズム」という「仮説構築プロセス」と、「フィルター・メカニズム」という「現実的な非妥当性の確認プロセス」の相互作用は、アミューズメント業界の知識創造においても有効に作用することが確認されている（赤川 1997）。

64.

赤川元昭 (2008a),「直感的発想の問題：ロジカル・シンキングは、ビジネス・パーソンになぜ支持されるのか（パート2）」『流通科学大学論集－流通・経営編』20（2），87–102.

赤川元昭 (2008b),「直感的発想と論理的思考：ロジカル・シンキングは、ビジネス・パーソンになぜ支持されるのか（パート3）」『流通科学大学論集－経済・経営情報編』16（2），43–58.

赤川元昭 (2008c),「経営における論理的思考」『慶應経営論集』25（1），57–80.

赤川元昭 (2008d),「日常的なコミュニケーションと論理的思考：ロジカル・シンキングは、ビジネス・パーソンになぜ支持されるのか（パート4）」『流通科学大学論集－流通・経営編』21（1），105–121.

赤川元昭 (2008e),「知識のバランスとコミュニケーションの暗黙化：ロジカル・シンキングは、ビジネス・パーソンになぜ支持されるのか（パート5）」『流通科学大学論集－人間・社会・自然編』21（1），89–104.

赤川元昭 (2008f),「知識のバランスとコミュニケーションの成立：ロジカル・シンキングは、ビジネス・パーソンになぜ支持されるのか（パート6）」『流通科学大学論集－経済・経営情報編』17（1），97–113.

安西祐一郎（1985），『問題解決の心理学』中央公論社.

市川伸一（1997），『考えることの科学』中央公論社.

Jeffrey, R. (1991), *FORMAL LOGIC ; Its Scope and Limits*, McGraw-hill Inc.（戸田山和久訳『形式論理学－その展望と限界－』産業図書，1996年）.

野矢茂樹（1994），『論理学』東京大学出版会.

野矢茂樹（1997），『論理トレーニング』産業図書.

野矢茂樹（2001），『論理トレーニング101題』産業図書.

Popper, K. R. (1963), *Conjectures and Refutations : The Growth of Scientific Knowledge*, Rontledge & Kegan Paul Ltd.（藤本隆志他訳『推測と反駁』法政大学出版会，1980年）.

坂原茂（1985），『日常言語の推論』東京大学出版会.

Salmon, W. C. (1984), *LOGIC*, Prentice-Hall Inc.（山下正男訳『論理学』培風館，1987年）.

戸田山和久（2000），『論理学を作る』名古屋大学出版会.

山下正男（1985），『論理的に考えること』岩波書店.

Zechmeister, E. B., Johnson, J. B. (1992), *Critical Thinking, A Functional Approach*, International Thompson Publishing Inc.（宮元博章他訳『クリティカルシンキング　入門篇』北大路書房　1996年『クリティカルシンキング　実践篇』北大路書房，1997年）．

第9章 解釈主義と実践知
―方法論としての視察―

第1節 はじめに

　経営・マーケティングを学ぶ研究者にとって、科学方法論が物事を知的に探求するための基本作法であることは誰もが暗黙的に理解している。そしてその作法の目的が、まず、対象世界のメカニズムや態様に関していかに優れた説明・予測の論理を組み立てるかという点で重要な意味をもつこともわかっている。その点で、対象世界の絶対的あるいは相対的な「真」を探求するための実証理論の重要性を否定する研究者はいない。「真」のメカニズムが明らかになれば、その態様のなぜかに説明がつくし、それによって予測も可能になり、さらには統制までも行いうることがある。

　しかし、経営・マーケティング研究者の役割は、その対象世界の「真」のメカニズムや態様を明らかにすることに加え、政策上有用な実践知たる行為の「真」(ベスト・プラクティス)を明らかにする規範的理論の発見も重要になる。優れた政策行為の構造や対応メカニズムとは何かを発見するために、どのような適切な方法があるか(つまり実践知)を明らかにすることも課題になる。

　本章では、いまや、誰もが否定できない普遍的な真理の探求より、多くの納得や共感を得る解釈的「真」がより一般的な行為や政策のベースになりうるという観点から、解釈主義のあり方を議論する。そのために、まず、Panofsky的イコノロジー(図像解析学)の解釈法がここでの解釈の意味に近いことを明らかにする。その解釈主義に立って、経営・マーケティングのコンテクストに役立ちうる方法論基盤として、比較文化論と構造主義を組み合わせた

III マーケティング実践知の発見

文化人類学的方法や、生態学的手法を社会現象一般の構造理解に応用する社会生態学的方法を検討する。その上で、政策理論発見や実践知獲得のため、比較検討を通じてベスト・プラクティス（行為の規範理論）を学ぶ方法論として、観察と解釈を軸にする「視察」に注目する。ただ、ここでは、あまりにも多義目的をもつ従来の物見遊山的な視察ではなく、文化構造的解釈を比較ベースで行い、自らの行為メカニズム（出来得ればベスト・プラクティス）を解明するための「科学的視察」ともいうべき方法論を検討する。

第2節　科学方法論としての解釈主義

1．解釈するということ

　唯一絶対の真理を求めてその解明を進めるという研究方法は論理実証主義や反証主義に代表される研究アプローチで、演繹的につくられた理論命題を反証によって棄却し、あるいは採用するという形をとる。特に、より絶対的な真理の獲得を求めるポパー流反証主義の場合は、反証し得なかった理論命題を一時的な真理として採用するものの、たとえ数多くの経験的裏づけで支援されても真理（理論）の精度を高めたことにはまったくならないとする方法論的な厳しさをもつ。

　唯一絶対の演繹的真理を想定し、主として反証によって理論の存立を認める反証主義や論理実証主義の立場は、提示された仮説的な理論命題を一時的な真理として認めるという点ではそれなりの意義をもっているが、仮説的な理論命題をいかに導き出すかについての「発見の論理」にはさほどの重きを置いていない。この点については、真理やそれを説明する理論の発見はその対象を観察する主体者の主観や価値からまったく独立であることはむずかしく、そこで示される真理や現実とは結局、その観察者によって構成された「真理」や「現実」であるとする相対主義、解釈主義に一歩譲らざるを得な

い。そこでの「真理」は、まさに解釈された真理なのである。

　では、この解釈とは一体何であろうか。一般的に解釈を説明するには、解読と対比してみるとわかりやすい。解読というのは、すでに了解されているコード（code）を使ってひとつの理解をすることである。ここでいうコードとは、符号、ルール、規則・規範などである。たとえば、秘密のメッセージを解読するためには暗号表のような符号（コード）を用いる。あるいは、たとえばある国際会議でフランスが突出した行動をとったとき、フランス人の文化や国民性はそのような行動をとるものだ、とフランスの文化規範（コード）に従ってその行動を理解しようとする。このように、ある現象や行為を、すでに了解されている決められたコードによって理解しようとするのが解読だといえる。

　それに対して解釈というのは、理解や説明のために依拠すべきコードがまだない、あるいは不明の場合で、観察者にコードの発見や選択がゆだねられている場合である。たとえば、お茶やお花の世界に多種多様な流儀があり、宗教にもさまざまな宗派があるが、それぞれは自分たちの主体的な価値観や世界観に基づいて独自の説明の論理を解釈的につくっているのである。そこでは唯一絶対の真というもの（当事者たちは自分たちの世界が唯一絶対の真だと信じているだろうが）は存在しない。ひとつの解釈主義の世界である。

　では、ある現象に対してなされた解釈の妥当性は、どのように説明されるのだろうか。もちろん、いかなる解釈も論理一貫性をもつことは当然である。しかし、ある現象に対するいかなる解釈的説明も、もともとその観察・説明者の価値観や世界観に基づいてつくられたものであるから、絶対的な基準はなく、すべて相対的である。それゆえに相対主義の世界観における妥当性の最終的な基準は、「何びとも否定しがたい解釈や説明」ということになる。ただし、このようないわば究極の納得というのは概念の世界でいえることであるにすぎず、現実には、その現象の解釈（説明）のどちらがより納得できるものであるかという比較の問題になる。

　たとえば、「閑かさや岩にしみ入る蝉の声」という芭蕉の句に対し、今日

でも、その蝉がアブラゼミかニイニイゼミかという解釈論争があるという[1]。この場合も、その句が詠まれた場所、時期、天候状態、セミの生態など自然科学的、統計的なデータを調べて比較しても、なお双方の可能性があるとすれば、あとは、多くの人びとがより納得する解釈のほうが妥当性が高いということになるだろう。

若桑は、『絵画を読む』（1993）において、絵画（芸術）解釈の方法としてイコノロジー[2]（図像解釈学）について説明している。そこでは、まず、ある芸術作品に対し、どの時代に、どこで、さらにどのような文化状況のもとで、どのような社会構造のもとに、誰によって、どのような技術と経済的基盤から生み出された作品かという既知の事実から出発する。そこからその作品の構想に関わる直接、間接のテクストを発見し、構想の主題を特定する。この絵画とテクストの関連づけが図像解釈学になる。と同時に、純粋に視覚的資料によって作品そのものの表現様式を特定する。しかし、より重要なのは、その作品がその視覚的、知覚的領域を越えて、どのような意味と内容を表現しているものであるかを読み込むことであるという。

若桑は、イコノロジー研究者のPanofsky（2002）を引用しながら、3つの意味段階として、第一に自然的意味、第二に伝習的（コンベンショナルな）意味、第三に内的意味内容の理解が必要だと述べ、その最終の仕上げは内的意味内容にある、と主張する。このようにイコノロジーは、既知のデータから出発し、その作品を成立させている諸々の歴史的・社会的・文化的因子を総合的に再編成し、その作品のもつ本質的な意味を探索して、最終的にその意味内容を解釈的に明らかにすることだと説明される。おもしろいのは氏が解釈について同書で強調している次の点である。

「最後にひとつ、ぜひ言っておきたいことがある。たとえいかなる権威ある欧米の学者の説であろうと、ここに示された解釈は読者が自分で作品と取

---

1 芭蕉の一句をめぐり、セミの種類に関する小宮豊隆と斎藤茂吉が起こした論争は今日でも続いている。
2 イコノロジーについては、Panofsky（2002）。

り組むための参考にすぎないということである」

このことは「解釈する」ということの意味と性格をよく示していると思われる。

2．解釈の方法論的基礎

研究対象を抽象化して理解し、本質的な内容把握とその意味解釈を行う知的作業には科学的素養と職人的経験を必要とし、かならずしも容易なことではない。しかし、すでにそのような試みを行なっている研究分野がいくつか存在する。ここでは経営・マーケティングにヒントとなりそうな、解釈の基本態度ないし基礎となり得るふたつの有力な定性分析の方法を、経営構造や行動の本質発見というコンテクストに即して説明してみよう。ひとつは文化人類学的な参与観察の方法、もうひとつは社会生態学的な方法である。

2-1. 文化人類学的方法[3]

本質的な構造・内容把握の方法のひとつに、文化人類学の参与観察の方法がある。この参与観察は、伝統的に未開社会の社会文化制度の構造や意味を明らかにするためにとられた方法である。そこでは直接、観察者自身がその場所に参与し、状況をじっくり観察しながら状況の本質的解明を行っていく。観察する本人は自らの文化（状況）をもち、その文化コードの色眼鏡で他文化をみるわけだから、そこに大きな差異を発見することになる。この差が一体どこからなぜ来るのかをさらに観察し、解釈しながらその対象文化の意味と構造を明らかにするのが文化人類学的方法である。

文化人類学的な方法について、食の文化を研究する石毛は、次のような例をあげながら具体的に説明している。その主旨を要約すると以下のようにな

---

[3] 文化人類学的構造主義については、橋爪（1988）、Levi-Strauss（1972）、Malinowski（1967）参照。

Ⅲ　マーケティング実践知の発見

る[4]。

　たとえば、アフリカに行ってライオンの行動をじっと観察してみると、ライオンの食事は「群れて」食べることだと確認できる。このとき、群れて食べるという行為は人間もライオンも共通なんだと考える。ところが、ライオンの食べ方をさらに詳細に観察してみると、同じ群れて食べるにしても、人間と違ってライオンは一頭一頭が好き勝手に獲物の肉塊をとってむしゃむしゃ食べているし、ときには奪い合いをして食べている。

　ところが人間社会の場合、家族内の食事は好き勝手にでも奪い合ってでもなく、暗黙のルールに従って「分かち合って」食べている。たとえば、昔でいえば食卓の上座にお父さんが座り、まずお父さんが箸をつけるまでほかの家族は食べられない。そのお父さんの次に長男、次男という順序で席が決まっているというように、食事の仕方やルールが決められている。こうしてみると、人間の家族の構成・地位や食事のマナーなどは、つきつめてみれば「分かち合い」という食の配分に関するルールのために出来上がったものではないか、という解釈が成り立つことになる。ライオンの食事と比較することによって改めて人間の食生活や家族のあり方の構造がひとつの解釈として生まれるのである。

　このような方法は、他の文化（ライオンの食文化）と比較することによって得られた自らの文化（人間の食文化）についての新しい発見・解釈である。その意味では、最終的に自らの対象システムの構造や方法を他から学ぶ経営学的な比較研究に近い。
　しかし、伝統的な文化人類学は、Levi-Strauss や Malinowski にみられるように、一般的には未開社会などで共に暮らし、その対象を自分の文化と比

4　石毛（1982）。

較しながら観察し、その文化そのものの構造を解明するものが多く、ライオンの食行動から自分の文化（人間の生活）の解釈に活用するものはさほど多くない。石毛の説明したこの文化人類学的方法の例は、他の文化から自分の文化の構造を比較によって明らかにするという点で、むしろ比較経営学的方法論に近い感じがする。その意味で、後述の視察の方法論とも多くの共通性をもつ。

2-2. 社会生態学的方法

より経営的な立場から状況の本質的な意味や構造を明らかにする方法として、社会生態学的方法がある[5]。この方法は、文化人類学的な方法とも一部において類似性をもつが、社会状況全体がどのようなメカニズムで成り立ち、その全体がどのように動いていくかを観察し、読み込み、そして解釈していく方法である。

Drucker は、自著 *The Ecological Vision*（1993）において、自らがまさにその方法を実践してきたと述べている。彼によれば、これまで数多くの著作で、文明、社会、経済、文化、経営分野で多面的な評論や啓蒙を行ってきたが、そこで一貫してとってきた立場は、文明評論家でも経営学者でもなく、まさに「社会生態学者」と呼ぶにふさわしいと述べている。いかなる大転換が社会に起ころうとも、現在は過去を引きずるし、未来は現在をともなって動いていく。とすれば、すでに現在起こっている重要な動きを観察し、歴史観にそって深い洞察を加えていけば、その本質的な意味と構造が明らかになり、そこから未来の趨勢もある程度みえてくるというのである。重要な点は、特に目の前で起こっている現実をよく「観察」することで、そのなかに未来があると主張する。

Drucker は、社会生態学者として、すでに起こった未来を観察する態度ないし方法を3つのステップに分ける。第一は、社会の通念に反する動きで、

---

[5] マーケティング問題への生態学的枠組みの応用としては嶋口（1984）参照。

Ⅲ　マーケティング実践知の発見

いま起こっていることが何かを捉えること。つまり今日流でいうパラダイム・チェンジ（思考枠組みの変更）の可能性を探ることである。第二は、そのような見方や思考方法を変え得る実際的、具体的な動きの証拠を集めてみること。そして第三は、もし、そのようなことが起こったとしたら、そこにどのような機会や対応可能性があるかを考えること。このアプローチはある意味で、Kuhn（1971）のパラダイム論に基礎をもつ経営的応用といっても良い。おもしろいのは、世間はDruckerを時折未来学者と呼ぶが、彼自身、それは明らかに違うと反論し、さらに自らの依拠する社会生態学ともっとも異質なのが未来学だと主張している点である。

　Druckerのいうこの社会生態学的方法は、科学方法論的にみれば、論理実証主義や反証主義とは一線を画す、認識論的相対主義、解釈主義の世界に属し、参与観察中心の文化人類学の方法にも近い点である。しかし、状況に直接参与する文化人類学と異なるのは、歴史観や大局観をもって、櫓のうえから全体状況を観察して物いう「物見の役」として社会生態学を位置づける点であろう。Druckerは、過去の文献や二次資料をも駆使しながら、大局的に状況を読み、ひとつの構成された現実としてその深層構造や意味内容を解釈し、さらにそれに基づいて政策や戦略的な未来の提言や処方箋の提示を試みるのである。

　文化人類学や社会生態学の共通点は、定性的に状況を観察し、そこにひとつの「解釈」を与えて、納得できる説明の論理構造をつくることにある。ただし、この方法は、唯一絶対の真理を導き出すというのではなく、多くの人びとが納得できるひとつの解釈を提示するものである。そこにはいくつかの解釈代替案があり、そのなかからベターな解釈を求めていくという形をとるものである。

第3節　実践知発見法としての視察

1．ベンチマーキングと視察：経営における規範的理論発見の方法

　今日、優れた経営手法（ベスト・プラクティス）を求めるアイデア源の取り入れ手法としてベンチマーキングが一般化されている。このベンチマーキング普及のパイオニア的役割を果たした Camp（1989）は、この手法が日本企業の革新と競争優位の方法であり、それが日本から学んだ方法であると素直に述べている。確かに、世界における日本企業の今日の競争地位は、世の中に存在しない技術や製品アイデアを自ら発明・発見したことによるものであるというよりも、常に他国のベスト・プラクティスからアイデアを学び、それらを参考とした実行努力によって築き上げてきたものだといえるだろう。実際、日本企業の多くは、野心的な理念やアンビションのもとで、ベストな満足実現の方法を主として他に求めて、探索、発見、確認、導入を行い、試行錯誤しながら、創造的に、競争優位の地位を最終的につくり出してきたのである。

　実のところ、このような他から創造的に模倣するベスト・プラクティス探索やベンチマーキング法は、日本が近代化以来伝統的に行ってきた視察の方法とほとんど同じである。政府も民間も、新しい課題に直面したとき、欧米諸国への視察を行い、その時点における先進諸国のベスト・プラクティスを創造的に取り入れて問題の解決を行ったのである。

　ここでは、日本の伝統的手法としての視察をより一般化して、規範理論発見の科学的方法論として考えてみようとするのである。先の石毛（1982）の例でいえば、ライオンの食行動を「視察」し、そこから人間の家族制度やしきたりの本質を説明的に「解釈」する、という方法である。経営的には、異なる文化や価値観をもつ経営行動や構造を「視察」し、そこから自らの経営行動と構造の本質を説明・解釈する。そうすることによって、新たな経営革

新や行動の有効な予測や統制方法も明らかになると期待されるのである。

2．視察の意味と実践

　視察というのは、文字どおり「視て察すること」であるが、より明確にいうなら、「自己状況（文化圏）の問題解決のヒントを得るために、他の先進的な関連状況（文化圏）に出向き、直接的な観察、体験、調査を通じてその実情を探ること」となる。

　伝統的な視察は、これまで日本において政府・民間、営利・非営利組織を問わず、幅広く行われてきた。特に、明治、大正、昭和初期には、欧米先進国の文明・文化制度を学習・導入するために、遊学を含めて政府・民間の要人、パイオニアが数多く欧米視察を行い、日本の近代化に貢献した。また今日でも、日本国内で新しい問題意識や課題が生まれると、ほとんど無意識のうちに欧米システムの実情と比較し、そのうちのベスト・プラクティスを自らの状況に取り入れている。その意味で、日本の金融、税制、医療、福祉などのあらゆる行政制度や政治システムは西欧からの導入であるし、多くの近代的な経営手法や経営概念も多種多様な視察を通じて取り入れられたものである。近年でも、公的な制度やシステムの改革のために欧米視察をおこなったり、経営・流通動向をみるために海外視察が積極的に行われている。

　視察の方法はある意味で、先に示した文化人類学的な「参与観察法」や社会生態学的な「物見の役」に近い。ただ、参与観察と大きく違うのは、視察が限られた時間内で先進性から（ベスト・プラクティスを）学ぶのに対し、後者は、文化の先進・後進性を問わず観察対象を選択し、そこへより長期的に参与し、調査・研究することが多い。また、視察が自分の問題解決を最終目的とするのに対し、伝統的参与観察では、対象状況の理解そのものに目的を置くことが多い。しかし、既述のように文化人類学的方法や社会生態学的方法は、対象状況の本質的構造の解明を意図する視察の方法にとって、基本態度として十分参考になり得る方法論的基礎である。

視察の前提は他の先進性から学ぶことが多いから、実態としての視察は、最近では逆に、日本のベスト・プラクティスをみるためにアジア・南米・アフリカ諸国や欧米からの視察も増えている。たとえば、日本の都市の治安の良さを探るために米国から訪れた視察団は、その理由のひとつが交番制度であると確認し、早速「koban」として一部の都市に取り入れた。また、いくつかの発展途上国では、日本経済の大きな国際的飛躍の原因として大手商社の活動があるとみて「sougou-shosha」制度を導入したりする。さらに、経営手法についても、日本発の改善（kaizen）、カンバン方式（kanban）、系列（keiretsu）などが国際化し、英語とされるに至っている。しかし、これらの視察による先進性の取り込みは単にアイデアや方法の取り込みの場合もあり、観察対象のメカニズム理解から、その取り込み方法における妥当性に欠ける部分も多い。

　おそらく日本発の海外視察だけに限ってみても、個人、団体を含めてその数は年間で優に数千件に及ぶと思われるが、これほどの回数と資金を投入しながら、実は視察の方法論について改めて考えられたことはほとんど無いようである。特に、それなりの効率性を追求するはずの企業における視察の場合も、本質的理解に基づいた有効な構造解明による経営革新方法論として視察を考える視点がさほど明確でない。

　そのひとつの理由として、日本の過去の視察がしばしば優れた個人業績への褒章としての休暇旅行的な意味をもっていたり、あるいは取引先接待に利用されるなど、視察が多義性をもっていることがあげられる。このことは、休暇や接待でも名目的に視察とすれば税の優遇措置が受けられることや、タテマエとホンネの使い分けをする日本型システムに関係している部分も大きい。視察の方法を真剣に研究しない理由の第二は、新しい世界の情報を知るだけで十分な話題性があり、その知識だけでも旅の土産話としてかなりの視察の成果になり得るからである。また第三は、視察目的の多義性とも相俟って、視察情報の活用はあくまで個人的、属人的な問題で、その成果が客観的に評価されないからである。

Ⅲ　マーケティング実践知の発見

　しかし、伝統的に視察が多義的、情報重視的、属人的だからといって、せっかくの貴重な体験情報が旅の土産話程度で終わってしまうのは何とももったいない。話題程度の情報なら、情報化時代の今日、視察によらずとも多様なメディアを通じてかなり知ることができる。経営メカニズムを理解する貴重なひとつの手法として体験的に「視て察する」視察を活用するには、改めて視察の基本態度から確認してみることが必要なようである。

3．視察の基本態度

　経営手法として視察を活用する場合、ただ単に視察対象の状況を現象的に捉えて知識を豊富にするだけでは意味がない。自己状況の問題解決に役立たせることを目的とするためには、視察対象状況における同種の問題につき、なぜ、そのような動きや結果になっているのか、その本質的な構造特性や意味内容を明らかにしなければならない。

　しかしながら、自己状況とは異なる他状況の環境、歴史、文化、制度、価値観のなかで起こっている現象や結果が、そのまま自分の問題解決に応用できないのはむしろ普通で、それを無理して導入することは危険ですらある。その危険の可能性についてひとつのエピソードをあげて説明してみよう。以前、スウェーデンで国際結婚した日本人のお母さんから聞いた話である。

　　スウェーデンで生まれ育った小学生のお嬢さんが、日本の小学校に3か月ほど、特別体験入学を許されて滞在した。ある日、そのお嬢さんがお母さんにその小学校では先生と生徒が一緒になってひとりの生徒をいじめていると告げた。驚いてそのわけを聞いてみると、その学校では、毎朝所持品のチェックをするが、先生は、いつもハンカチを忘れる子になぜ忘れるのか詰問し、注意したそうである。するとその後の休憩時間に、ほかの子供たちが先生と同じように、ハンカチを忘れた子を一斉になじったというのである。

その様子を見たスウェーデン育ちのお嬢さんには、ハンカチを忘れてなぜ皆からいじめられるのかさっぱりわからないのである。なぜなら、スウェーデンの個人主義中心の文化コード（規範）に従うなら、ハンカチを忘れて損をするのは当の本人であって、ほかの誰にもまったく迷惑をかけてはいないのだから、理不尽ないじめを先生と生徒が一緒になってやっていると映るのである。

このエピソードは、視察の方法に関してひとつのヒントを与えてくれる。たとえば、であるが、もしスウェーデンのような外国の教育関係者が日本の平均的教育水準の高さやしつけの良さに注目して日本の教育現場を視察し、学校におけるハンカチなどの所持品チェックの制度をしつけの原型としてそのまま取り入れるとしたら、それは明らかに誤った視察となってしまう。理由は、それが、小学校という場における日本的な集団生活や集団主義という文化コードのなかで行われているひとつの行為であるにすぎないばかりか、その行為が別のマイナスの問題を生み出し得ることをみていないことになるからである。と同時に、日本のような集団主義の文化コードにおけるひとつの行為を、スウェーデンのような個人主義の発達した文化コードの国に導入しようとしても、有効に機能しない可能性が高いからである。

このように、視察に際しては、ただ漠然と実態をみてユニークなやり方を表面的に確認したり取り入れたりするのではなく、自分たちとは異なるやり方に気づいたら、その地域における文化的規範、価値観、歴史、社会状況などから、その行為の本質的な意味と構造を探ることが特に重要になる。

4．実践知としての視察

これまでに視察の基本態度として、まず何よりも視察対象状況の本質的な意味や構造を解釈的に理解する、つまりイコノロジー的に状況把握する必要を示唆した。この解釈による状況や意味・構造の理解を、実践知という視点

Ⅲ　マーケティング実践知の発見

からさらに考えてみよう。

　きわめて一般的にいえば、われわれが毎日を健やかに暮らし、組織がその置かれた環境下で安定的に成長・発展するために必要な行動上の知識や知恵を、実践知と呼んでよい。

　この実践知の重要な特質は、唯一無二の方法がないことである。個人や組織には、それぞれに適した生き方（価値や意味）や発展スタイルがあり、唯一の普遍的なパターンというものはあり得ない。たとえば、われわれの仕事の仕方、生活スタイル、歩き方、人との接し方、挨拶の仕方などは千差万別であり、絶対的な方法というものはない。それぞれにその知識や知恵に基づいて、自分なりの快適で安定的な生き方を実践しているのである。

　ところで、人びとが快適、安全、幸せに生きるには、自分を取り巻く状況がよく理解でき、その理解に従って行動できれば、これほどよいことはない。それゆえに実践知とは、その個人が主体的にその生活状況を理解し、安定的に対応できる能力ということになる。企業組織の場合もまったく同じで、健全な発展を果たすために、いかに状況を的確に把握し、そこから適切な機会や可能性を取り込むことができるかが、実践知の基礎となる。

　いま、視察を実践知獲得の方法とみるとき、そこでは自己状況における問題解決の参考とするために視察対象状況の本質的な構造や意味内容を理解しようとするわけだから、まず自己状況と対象状況の差異に着目し、なぜその差が生ずるのかを理解するために、自らが納得する対象状況の解釈ストーリー（ないしコード）をつくってみる。そこで解釈されたストーリー（コード）を次に自己状況に当てはめて適合性を判断する。

　対象状況の解釈ストーリーと自己状況との適合性が高ければ、それをひとつのコードとして、そのまま、あるいは部分的に改変して解読的に利用し、その解釈ストーリーを自己の政策・戦略判断に活用する。

　しかし、もし、対象状況の解釈ストーリーと自己状況との適合性が低ければ、それをヒントにして改めて自己状況の解釈ストーリーを創造的につくってみる。そして、その独自のストーリーをもって改めて自己状況の解決策を

描くのである。

　このように考えると、実践知獲得のための視察の方法論は、対象の状況や行為を自分の問題意識にそって解釈し、そこで得られたコードと自己状況の適合性を判断したうえで、自己の新たな解釈ストーリーを再発見したり再構成しながら、最終的に自己問題の解決をはかっていくものだということになる。

第4節　マーケティング視察の方法とステップ

1．卸流通視察の取り入れ事例から

　日本の近代化初期に行われた官民による西欧視察は、その制度やシステムの進歩格差がかなり大きいうえに、日本の状況はほとんどゼロに近かったことや、強圧的な上からの取り入れが可能だったことから、西欧システムをほとんどそのまま取り込んでも日本の発展に大いに役立った。しかし、現代の視察は、自己状況と対象状況との間に、それぞれに歴史的・文化的・経済的・社会的背景が異なるのは当然として、絶対的な優劣がない状況下で相手から学ぶ方法であるために、視察当事者の選択的取り入れが特に必要となる。と同時に、視察によって自己状況の悲観的な帰結が想定された場合には、さらに創造的で自由な新しい発想が求められてよい。以下で、視察の具体的なエピソードを取り上げながら、その創造的対応について説明してみよう。

　日本の卸業の先行きに不安をもつある卸経営者グループが、激動するイギリスの流通事情から自分たちの発展可能性を探ろうと、海外流通視察を行ったことがある。

　1990年代から21世紀に入ったイギリスは大型小売店チェーンの上位集中化が急速に進み、上位の大手5〜6社で全食品小売業売上げの70%ほどを占め

る状況になっていた。これは景気停滞のなかで生活者の節約志向、経済合理性志向が高まり、それに応じて小売業が規模の経済性をベースにして合理化・効率化競争をしたことにより、中小小売業が脱落した結果である。持ち家比率が高く高金利の住宅ローンに依存するイギリスの消費者、あるいは、強い教育志向のため高い教育コストを負担する消費者にとって、食品コストの圧迫は大きく、必然的に経済性志向の大型スーパーが優位に立つことになったのである。

こうなると、中小小売業を主要顧客とする食品卸売業の存在価値は低下する一方で、実際、イギリスの都市近郊では一部のキャッシュ・アンド・キャリーの倉庫型卸売業を除いて、一般の食品卸売業はほとんどなくなってしまったのである。

このようなイギリスの卸流通状況を目の当たりにした視察グループのある卸経営者は、小売店の大型化と合理化追求がメーカーとの直取引を促進し、その結果、卸の存立基盤がなくなるという、かつての問屋無用論が現実のものとなってきたと考えるのである。

このようなイギリス流通事情の観察から得た結果は、確かに視察の成果である。消費者の経済合理性志向が急速に強まり、それに応じて経済合理性志向の大型小売チェーンが中小小売業を駆逐して卸業の存立基盤を崩していくという図式は、イギリスの国民性、経済事情のもつ経済合理性コードのコンテクストから理解できる。そして、日本の消費者や流通がこの経済合理性コードで進むなら、日本の卸流通も同じ傾向をたどる可能性があると考えるのは自然である。

しかし、日本の消費や流通は必ずしもイギリスと同じ状況コードで動いているわけではない。経済合理性志向が社会の基盤にあるとしても、同時に利便性や新奇性などのニーズも根強くある。実際、日本ではコンビニエンス・ストアが隆盛をみているのに対し、逆にイギリスでは合理的、計画的な経済的購買を志向する消費ゆえか、ほとんどみる影もない。

このように考えるなら、イギリス的な卸無用論が必ずしも日本には当ては

まらないかもしれない（1960年代の日本の問屋無用論も必ずしもそのとおりに動かなかった）。しかし、だからといって、イギリスと日本とはまったく事情が違うと片づけてしまうとしたら、せっかく貴重な流通視察をした意味がなくなってしまう。では、この視察の作法をどのように考えたらよいのだろうか。

おそらく、この視察によるイギリス流通の理解からいえることは、日本の食品や最寄品の流通においても、もしイギリス的な経済合理性に基づく計画購買型消費が進むなら、大型小売業の進展と卸の存立基盤の低下は避けられない趨勢となるだろう。それゆえに、卸業でも経済合理性を発揮するための物流・情報システム投資を含めた大型化志向、合理化志向の競争と寡占化傾向は進むだろうということである。もっとも、現実にはイギリスほど徹底して経済合理性追求が進まない可能性のある日本の流通分野では、なお中小小売業の存在をベースとする卸業の可能性はかなり残っている。

しかし、イギリス流通視察の結果をより積極的に取り入れようとするなら、従来の卸の機能的役割の限界を理解し、新たに、日本の卸として日本の社会および文化に即した意味創造（価値創造）を考える機会とすることもできる。この新しい時代の意味創造の例として、「電報」を考えてみるとわかりやすい。

世界の先進国のなかで、超オールド・メディアといわれる電報が活発なのは、おそらく日本くらいであろう。日本における電報の市場規模は、2008年時点でも600億円規模といわれ、同年には、NTT独占市場にKDDIも新規参入している。電報というのは、もともと「チチ、キトク」とか「カネオクレ」というように緊急時にメッセージを迅速に伝達するメディアで、電報の機能は、電話、ファクシミリ、電子メールなどが発達した今日、もはやほとんど不用になっている。まさに電報無用論がいわれてもよかった。

しかし、日本の電報は、このような本来の電報の機能を越えた新しい意味創造を日本の文化のなかで行ったのである。つまり慶弔用電報の創造である。他人の不幸や慶事に対し、敬語を用いた文章が書けず、手紙を書くこと

Ⅲ　マーケティング実践知の発見

自体が億劫な現代人にとって、礼を失しないようにタイミングよくメッセージを伝える方法として、今日電報は欠かせない最適な方法になっている。挨拶文や電報カードに多様なバリエーションをもたせ、個人のニーズを細かく追求する。さらに、電報配達契約をしている全国数千の民間請負拠点は、花の配達や返礼品の配達を含めた新しい事業のためのネットワーク基盤として大きな将来性を秘めているとも考えられる。まさに電報は、古い「迅速なメッセージ伝達」という機能的定義による事業の在り方を脱し、新しい時代に適合した「denpo」の意味と価値を創造したのである。

　日本の卸業の場合も同様で、もしイギリスの卸流通事情の視察から従来の卸機能の限界を理解したのなら、ひとつには、徹底した経済合理性の追求に向けて、大型化、情報・物流投資、戦略同盟などを進めて、コスト・リーダーシップをとる方法を取り入れてもよいし、あるいは、従来の卸の機能的定義にとらわれず、新しい時代にふさわしい卸形態の意味創造を行うきっかけにすることもできる。前者の場合にはそれだけの実績基盤が必要だが、それがあるなら、イギリスの経験を他山の石として新しい対応を考えることができる。後者の場合も、早いうちに該当事業分野の新しい意味（価値）創造に向けて新規事業への準備や移行を行うことができる。これこそが視察を成果あるものとする作法といえるのである。

2．視察方法のステップ

　他から学んで自らの革新に結びつける一連の視察の方法は、おおむね次の5つのステップを通じて進められる。
　第一は、解決したい問題の明確化である。視察の主体者は問題の発見者であり解決者でもあるから、自分の置かれている状況のなかで高い問題意識をもち、何を明らかにすることで何を解決したいのかを明確にする必要がある。
　第二は、その問題に関わる視察の対象を選ぶことである。周辺からの一般

的な情報を参考にしながら、自分の問題の解決の糸口になりそうな視察対象を確定することである。

　第三は、選定された視察対象の状況に対し、二次資料をベースとした事前調査を行うことである。その対象の歴史的、社会的、経済的、文化的な背景を明らかにし、その問題に関する制度的、組織的な制約や条件をあらかじめ知っておくことが必要である。この段階で問題に対する「仮説」をつくり得るなら、その後のステップの調査がいっそう効率的になる。

　第四は、視察の実行である。直接、その状況の場に赴き、ヒアリングや参与観察によって問題に対する自分の解釈ストーリーをつくってみる。自分たちと同じ問題がなぜそこで起き、それがどのようになぜ進展するのか、先の二次資料の読み込みと併せて意味内容や本質構造の理解につとめるのである。ここでは、すでに述べたように文化人類学や社会生態学的方法が基本となり、状況コード発見が核となって解釈がつくられる。

　第五のステップは、対象状況で得られた解釈ストーリーの自己状況への応用である。自己状況と対象状況の状況コードに強い共通性があり、応用の妥当性が高いものはそのまま参考として対象状況の行為やプラクティスを創造的に取り入れる。たとえ、それが自己状況に対する悲観的なシナリオである場合でも、自己状況への発想転換や新たな発展可能性の刺激として活用する。また、視察にとって重要なことは、何よりもまず、好奇心旺盛に物事をみる素直な「子供の目」をもつことである。物事に感動し、新しい動きに興味をもち、人になぜかを素直に尋ねる態度である。

　しかし、視察は子供の目をもてば十分というわけではない。同時に、そこで観察されたことがどのような状況コードや文化規範で意味をもつのかを、批判的、本質的に解釈し、意味づけする「大人の知恵」が求められる。つまり、それなりの洞察力や観察・解釈の方法論が求められるのである。と同時に、それを改めて自分の問題として選択的、創造的に取り組む応用力が要求されるのである。

Ⅲ　マーケティング実践知の発見

第5節　むすび

　問題の明確化、対象状況の観察・解釈、自己解決への応用を含む一連の視察のステップは、何も海外視察だけのものではない。これを、ベスト・プラクティスを正当に取り入れたり、他の利点を合法的、創造的に模倣する一般的な経営手法と考えれば、日常の仕事のなかでもわれわれは視察によって新しい理論をつくっているとみることができる。

　人は誰でも他人を通じて学び向上するものだが、ただ漠然と自分の周辺の優れた人や行為をみるのではなく、その背後にある文化規範や価値コードを読みとり、それが自分の規範に照らして役立つのかどうかを常に検討してみることが重要である。この視察の方法が普遍化すれば、経営・マーケティングの有効な方法としてさらに大きく発展すると考えられるのである。

引用文献

石毛直道（1982），「未開の生活文明の生活Ⅰ"生活学"としての文化人類学」（日本生活学会月例研究会報告）「広告」博報堂，9・10月号.

橋爪大三郎（1988），『はじめての構造主義』講談社現代新書.

嶋口充輝（1984），「マーケティングにおけるエコロジカル・アプローチ」（『戦略的マーケティングの論理』第13章）誠文堂新光社.

嶋口充輝（1997），『柔らかいマーケティングの論理』ダイヤモンド社.

若桑みどり（1993），『絵画を読む　－イコノロジー入門』NHKブックス.

Camp, Robert C. (1998), *Benchmarking : The Search for Industry Best Practices That Lead To Superior Performance* （田尻訳『ベンチマーキング』PHP，1995年）.

Drucker, Peter F. (1993), *The Ecological Vision*, Transaction Publishers （上田惇生訳『すでに起こった未来』ダイヤモンド社，1994年）.

Kuhn, Thomas S. (1962), *The Structure of Scientific Revolutions*, Chicago, IL : The University of Chicago Press （中山茂訳『科学革命の構造』みすず書房，1971年）.

Levi-Strauss, Claude, (1958) *Anthropologie Structurale* (荒川幾男他訳『構造人類学』みすず書房, 1972年).

Malinowski, Bronislaw Kasper, (1932) *Argonauts of the Western Pacific* (泉靖一編訳「西大西洋の遠洋航海者」『世界の名著 (59) マリノフスキー／レヴィ＝ストロース』中央公論社, 1967年所収).

おわりに

　「マーケティングは科学なのか」という問いを出発点としたマーケティング科学の方法論争は、20世紀後半のマーケティング研究に一石を投じるものであった。「科学哲学」という名称がひとつの学問分野を指すものとして一般に認知されるようになったのは、19世紀から20世紀にかけての科学の著しい進展を受けてのことである。また、マーケティングは20世紀初頭にアメリカで誕生した学問であり、マーケティング科学と科学哲学は奇しくも同時代に発展した近代の所産ということになる。

　その両者が出合うのは、1976年の Shelby D. Hunt による *Marketing theory*（邦題『マーケティング理論』）を契機とした、1980年代の科学哲学論争である。本家の科学哲学分野では既に相対主義の時代に入っており、いささか周回遅れの感は否めないものの、消費者行動研究における解釈主義の台頭など、方法論が多様化してきた時でもあり、科学哲学の議論、すなわちマーケティング科学とはなにかについての議論がはじまった。その後の方法論に関する議論の展開は、本書の各章に示される通りである。

　それでは、マーケティング科学と科学哲学は現在どのような状況にあるのだろうか。近代以降の学問知識体系は欧米を中心に発展し、特殊化、個別化の方向に向かったが、その状況は総合化の方向に回帰しつつあるといわれている。21世紀に入り、科学哲学の分野では、自然科学のみを扱う特殊な哲学分野と限定することは得策でないとして、数学、物理学、生物学はもとより、生命倫理、社会問題、経済政策などを含んだ総合的知識としての科学哲学を目指そうとする試みがあるという。一方、マーケティングは、本来開かれた研究分野であることから、多様な方法論の展開をみつつ今日に至っている。

　学問全体が総合化の方向に向かうなかで、マーケティング科学の方法論はどこに向かうのか。科学哲学における議論が多少なりとも見通しを与えてい

おわりに

るのは、どれが科学の成功を支えている方法論なのかであるとすれば、過去のマーケティング科学の方法論に関する議論を知ることは重要である。また、マーケティング科学の方法論への理解を深めることは、マーケティングとはなにかを問うことであり、根源的には自らの存在理由を問うことになる。科学／非科学の境界論争、実在論争などを経て、それぞれの論者が一致するのは、マーケティング分野における知識の創造や理論構築の重要性である。科学哲学や方法論の議論は、マーケティング科学とはなにか、なにを目指しているのかを問い直す契機になると考えられるのではないだろうか。

さて、本書は、嶋口充輝先生（慶應義塾大学名誉教授、現法政大学大学院教授）が、慶應義塾大学大学院経営管理研究科（KBS：慶應ビジネススクール）在職当時に担当された「マーケティング理論」における成果をもとにして編まれたものである。博士課程で専門分野の研究に入り込む前の段階で、講義を通して、自らの足下を見つめ直す機会を与えられたことは、研究者としての人生に大きな意味をもっていた。また、本書の執筆者達が「マーケティング理論」を学んでいた当時、Feyerabend（1994年2月11日没）、Popper（1994年9月17日没）、Kuhn（1996年6月17日没）という科学哲学論争の最重要プレイヤーが相次いでこの世を去ったのは、なにかの巡り合わせではないかとも思うことがある。

話は「マーケティング理論」に戻るが、大学院博士課程での科学方法論の講義と聞けば、非常に堅苦しい講義内容を想像される方もおられるだろう。しかし、決してそのようなことはなく、実に贅沢な楽しい時間であったことが思い出される。「このitはなにを指しているの」はじめての科学方法論の講義で発せられる、嶋口先生流（嶋口先生いわく恩師の片岡一郎先生流）の質問に、冷や汗をかきつつ自説を展開するのだが、いく度となくいかに表面的な理解にとどまっていたかを思い知らされたものである。これによって、厳密に論文を読み込むという研究者の作法を身につけることができたと思っている。ある時は禅問答またある時は迷走する受講生を、忍耐強くご指導してくださった嶋口先生にはお礼の言葉もない。個人的には足を向けて寝られ

ない状況が今なお続いている。KBS博士課程のカリキュラムに「マーケティング理論」を入れてくださった嶋口先生をはじめ、和田充夫先生（慶應義塾大学名誉教授、現関西学院大学教授）、池尾恭一先生（慶應義塾大学教授）にも心から感謝申し上げる次第である。

本書の執筆者は、KBS博士課程1期生（D1）の赤川元昭（流通科学大学）、村山貞幸（多摩大学）両氏から始まり、D2金顯哲（ソウル大学）、D4川又啓子（京都産業大学）、D5余田拓郎（慶應義塾大学）、D8澁谷覚（東北大学）、D10黒岩健一郎（武蔵大学）、駒田純久（関東学園大学）の各氏まで、約10年間にわたる「マーケティング理論」受講生有志による集大成である。本書の企画の段階で、嶋口先生から「他のどの大学とも違う、KBSらしい方法論を」というご提案をいただいたが、その思いに少しでも近づけたなら、先生の学恩に浴する執筆者一同にとってこの上ない幸せである。

最後に、本書執筆の経緯に少し触れておきたい。そもそものきっかけは、2006年3月、私の恩師である和田充夫先生の退官記念パーティの帰り道、嶋口先生に博士課程の方法論の講義への聴講をお願いしたことにさかのぼる。講義の前後の雑談の際に、KBS博士課程出身者によるマーケティング科学の方法論に関する論文が相当の蓄積になっていることが話題になり、それを何らかの方法でまとめてみようということになったのである。編集責任者の怠慢で2年の月日が経ったが、余田拓郎、黒岩健一郎両氏のお力添えをえて、2008年1月から一気に企画が進み、今日を迎えることができた。おふたりがいなければ、本書は未だに企画段階であったに違いない。また、今回の執筆者には加わっていないものの、D4小野譲司（明治学院大学）氏もわれわれの仲間のひとりとして、嶋口先生の講義に多大な貢献をしておられることを付記しておく。

本書を執筆した2008年は、8月の北京オリンピックという世紀のイベントに続き、9月には2007年夏のサブプライム問題を発端とした100年に一度ともいわれる金融恐慌が発生した。20世紀初頭にマーケティングという学問分野を生み出したアメリカが大きな試練に直面したのである。一方、科学の分

野では、4名もの日本人研究者がノーベル賞を受賞するという慶事に勇気づけられた。私事で恐縮だが、同じ職場の益川敏英先生が受賞されたことは特に嬉しく思っている。

　そして、2009年1月には、"Change"を標榜したバラク・オバマ氏がアフリカ系アメリカ人初の大統領に就任した。このような激動の時代にマーケティング科学はどこへ向かうのか。「未来を確実に予測する方法は、自分で未来をつくることだ」という嶋口先生の至言をかみしめつつ、マーケティング科学の方法論を問い直すことによって、こし方いく末に思いを巡らせることとしたい。

　　2009年春

　　　　　　　　　　　　　　　　　　　編者代表　川又啓子

▰ 著者プロフィール

川又　啓子	京都産業大学　経営学部　准教授	第1章	★
金　　顕哲	ソウル大学　国際大学院　教授	第2章	
村山　貞幸	多摩大学　経営情報学部　教授	第3章	
駒田　純久	関東学園大学　経済学部　准教授	第4章	
余田　拓郎	慶應義塾大学大学院　経営管理研究科　教授	第5章	★
澁谷　　覚	東北大学大学院　経済学研究科　准教授	第6章	
黒岩健一郎	武蔵大学　経済学部　准教授	第7章	★
赤川　元昭	流通科学大学　商学部　准教授	第8章	
嶋口　充輝	慶應義塾大学　名誉教授　法政大学大学院　教授	第9章	☆

（☆は監修者、★は編者）

▰ マーケティング科学の方法論　　　〈検印省略〉

▰ 発行日──2009年4月16日　初版発行

▰ 監　修──嶋口充輝
▰ 編著者──川又啓子・余田拓郎・黒岩健一郎
▰ 発行者──大矢栄一郎
▰ 発行所──株式会社　白桃書房
　　　　　〒101-0021　東京都千代田区外神田5-1-15
　　　　　☎03-3836-4781　📠03-3836-9370　振替00100-4-20192
　　　　　http://www.hakutou.co.jp/

▰ 印刷・製本──藤原印刷株式会社

Ⓒ M. Shimaguchi, K. Kawamata, T. Yoda, K. Kuroiwa 2009
　 Printed in Japan　ISBN978-4-561-66181-8 C3063
JCLS ＜㈱日本著作出版権管理システム委託出版物＞
本書の無断複写は著作権法上での例外を除き禁じられています。複写される場合は、
そのつど事前に、㈱日本著作出版権管理システム（電話 03-3817-5670, FAX
03-3815-8199, e-mail : info@jcls.co.jp）の許諾を得てください。

落丁本・乱丁本はおとりかえいたします。

余田拓郎【著】
カスタマー・リレーションの戦略論理
産業財マーケティング再考

消費財を念頭に置いた研究が多いなか，本書は，インダストリアル・マーケティングの重要性を示唆。顧客との関係を捉え解説。産業財を製造販売する企業のマーケティング戦略に示唆をあたえる担当者必携の書。

ISBN978-4-561-65109-3　C3063　A5判　224頁　本体2200円

株式会社
白桃書房

（表示価格には別途消費税がかかります）

クリストファー・ラブロック／ローレン・ライト【著】小宮路雅博【監訳】
サービス・マーケティング原理

多様性が特徴のサービス・ビジネスにおいて，マーケティングとマネジメントの基本プロセスを理解するためのテキスト。マーケティング分野にとどまらず，サービス研究の統合的アプローチを提示する優れた理論書である。

ISBN978-4-561-65127-7　C3063　A5判　440頁　本体3900円

株式会社
白桃書房

（表示価格には別途消費税がかかります）

出牛正芳【編著】
基本マーケティング用語辞典[新版]

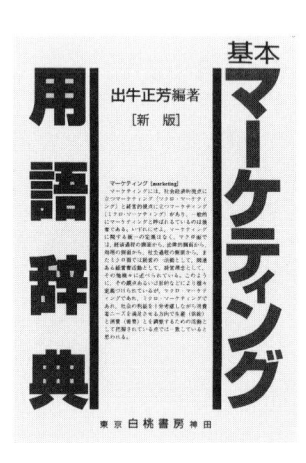

マーケティングに携わる人が知っておかなければならないマーケティング論の基本用語と，隣接諸科学の関連用語をもれなく収録し，簡潔に解説したコンパクトな小辞典。学生，研究者，一般実務家に役立つ必携・必備図書。

ISBN978-4-561-64146-9　C3563　B6判　290頁　本体2500円

株式会社
白桃書房

（表示価格には別途消費税がかかります）